JN059499

事例でわかる

コンプライアンス違反対応の内部監査

著

大手門法律会計事務所
弁護士・公認会計士・公認不正検査士
樋口　達

奥・片山・佐藤法律事務所
弁護士
山内宏光

中央経済社

はじめに

本書は，2019年９月に上梓した『事例でわかる　不正・不祥事防止のための内部監査』の姉妹編である。

内部監査の重要性は，最近公表されたさまざまな報告書等においても数多く指摘され，それに伴い，さまざまな規定の整備がなされている。たとえば，内部監査について，2021年に公表された改訂コーポレートガバナンス・コードにおいて，取締役会等に対する直接報告制度（デュアルレポーティングライン）など，重要な規範が改訂・追加されることとなった。

2020年に始まったコロナ禍により，支店や子会社等に往査することが難しくなった。これは，特に海外拠点について顕著である。リモートで監査を行うことができる環境になってきたとはいえ，現在の技術水準では，監査の充実という点では，直接訪問し，質問することに勝ることはない。この点からも，不正・不祥事を「発見」することが難しくなっているといわざるを得ない。

最近は，不正・不祥事の「発覚」自体は，全体として減少したともいわれている。しかしそれは，必ずしも，不正・不祥事が「発生」していないことを意味するものではないだろう。

いまだコロナ禍の収束はみえないが，徐々にではあれ，通常の経済活動を取り戻していくことだろう。今後，SDGsなどサステナビリティへの取組み，デジタル・トランスフォーメーション（DX）の進展，経済安全保障など，わが国企業を取り巻く社会環境が複雑化していくなかで，全社的なリスク評価も担うべき内部監査の重要性は，ますます高まっていくことが予想される。このような複雑化した環境に対応しながら，内部監査の機能を，いかに有効に発揮させるか，さらに発展させていくかという点について，継続して考えていかなければならない。

内部監査が実効的に行われるためには，内部監査が必要な「権限」を有していることが重要である。このような「権限」は，経営者により与えられるものである。内部監査部門が，単なる「ウォッチドッグ」ではなく，経営に資する部門として機能するためには，質・量ともに充実した内部監査部門をつくり，そのうえで内部監査部門に必要な「権限」を与える必要がある。たとえば，前述の内部監査の直接報告制度（デュアルレポーティングライン）も，内部監査を実効的に機能させる取組みの１つであるが，これを真に実効的な制度にするためには，たとえマネジメントに不利益な情報であっても，取締役会等と情報共有する「権限」を与えるべきであるという，経営者の意識改革が重要なポイントである。

前著では，具体的な事例として会計不正事案を取り上げたが，本書では，主として法令違反，コンプライアンス全般を取り上げた。

コラムのなかで取り上げた事案も含めて，８つの事例を紹介している。一口にコンプライアンスといっても，さまざまな規範があるため，本書では，関連する法令の内容やガイドライン等を「基礎知識」として解説したうえ，コンプライアンス違反の事案がなぜ発生したのか，そこから学ぶべきポイントについて整理している。

本書で取り上げた事例やポイントが，企業価値向上に貢献する内部監査に資することができれば，著者らとしてこれに勝る喜びはない。

本書の執筆にあたっては，前著と同様，中央経済社の石井直人氏に，企画の段階から大変お世話になった。この場を借りて，御礼申し上げる。

2022年４月

著者を代表して

弁護士　公認会計士　樋　口　　達

目　次

コラム目次

Advance 目次

第1章

はじめに

第1　内部監査の重要性

内部監査は，業務の適正を確保するための体制，いわゆる「内部統制システム」の構成要素の重要な一部である。内部統制システムの構成要素のうち，「モニタリング」機能を担う。

不正への対応として，まず，不正の発生を未然に防止する，すなわち「予防」することが重要である。しかし，残念ながら，すべての不正を防止することができるわけではない。不正の内容は，時代とともに進化するし，およそすべての不正を想定して，リスク管理を行うことは現実的ではないからである。

したがって，ある程度不正が「発生」することを前提としながら，早期に「発見」することが重要となる。会社として，内部監査を含めた充実したモニタリング体制を整備することにより，不正を早期に発見することができる。

このため，実効的な内部監査体制が必要なのである。

✓　内部監査の充実のためには？

内部監査を有効に機能させるためには，人員を増加させるという「量的」な充実はもちろん，その専門性を高めるという「質的」な充実も欠かせない。

専門性を高めるには，さまざまな方策が考えられるが，他社において実際に発生した事例から，その問題点や改善のポイントを学び，仮に自社で起こった場合の対応をシミュレーションすることが有効である。

上場企業等において，一定の規模や社会的な影響のある不正・不祥事が発生すると，事実解明や原因究明のための調査報告書が，会社のホームページなどで公表されることが通例である。その発覚の経緯はさまざまであるが，内部監査により，不正・不祥事が発見されることも少なくない。これは，効果的な内部監査が行われた結果であるといっていいだろう。

これに対して，結果的に不正や不祥事は発覚したものの，仮に効果的な内部監査が行われていれば，もっと早期に発見し，被害拡大を防げたのではないかと思われる事例もある。

このように，内部監査の実務を考えるうえで，企業の不正や不祥事に関する調査報告書は，さまざまな示唆や知見を与えてくれる。

第2　コンプライアンス違反の事例

第2章以降，公表されている調査報告書から，いくつかのコンプライアンス違反の事案を取り上げ，そこから導き出せる内部統制上の問題点，内部監査の問題点を整理したい。

企業不正・不祥事にはさまざまなものがあるが，たとえば以下のように分類できる。

【企業不正・不祥事の分類】

① **会計関連不正・不祥事 ＝ 財務報告の虚偽記載**
　例）粉飾決算

② **製品関連不正・不祥事 ＝ 製品・サービスに対する信頼を損なうもの**
　例）製品の瑕疵，偽装，重大事故

③ **その他不正・不祥事**
　例）個人情報等の漏えい
　　労働関係法令違反
　　インサイダー取引規制違反
　　独占禁止法違反

①会計関連不正・不祥事については，主として，前著『事例でわかる　不正・不祥事防止のための内部監査』で取り上げた。本書でも，子会社管理に関連して，「第7章　子会社管理」において，海外子会社で棚卸資産の過大計上が発生した事案を取り上げている。

②製品関連不正・不祥事については，「第2章　品質管理」において，自動車部品の製造に関連して，法令違反およびデータ改ざんが発覚した事案を紹介している。

さらに，③その他不正・不祥事として，第3章から第6章において，個人情報等の漏えい，ハラスメント（労働関係法令違反），インサイダー取引事案，入札談合（独占禁止法違反）を取り上げている。

なお，企業のリスク管理として重要な「反社会的取引」，近時さまざまな法改正がなされリスクが高まっている「海外贈賄」についても，実際に発生した事案を紹介しているので，参考にしていただきたい。

第3　各章の構成

第2章以降の各章においては，まず，関連する法令の内容やガイドライン等を「基礎知識」として解説したうえ，その後具体的な事案を取り上げて，なぜコンプライアンス違反の事案が発生したのか，内部統制の問題，内部監査の問題ともに，そこから学ぶべきポイントについて解説を行っている。

コンプライアンスに対応する監査を行うとしても，内部監査部門の方々は，法令等について，必ずしも専門ではないこともあるだろう。その際，コンパクトにまとまったパンフレットやガイドラインを参照して，その概要を頭に入れて整理したうえで対応し，必要があれば，より専門的な書籍に進んでいくことが有効である。

そこで，「より深く学ぶために」として，行政機関のホームページ等における，コンパクトにまとまったパンフレットやガイドラインの情報を紹介しているので参考にしていただきたい。

コラム

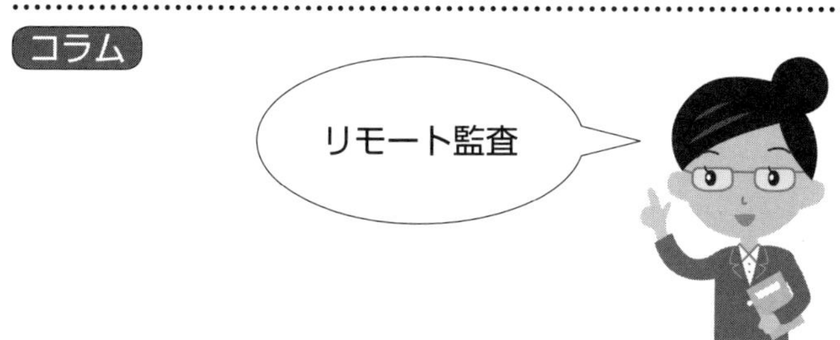

新型コロナウイルス感染拡大により，国内・海外を問わず，人の移動が制限されることとなった。内部監査の実務も少なからず影響を受けたものと考えられる。

通常は本社，事業所，子会社に往査を実施するところを，今年度については事業所の往査を行わない，昨年度実施済みの部門への監査を見送るといった対応により，内部監査を省力化した例もあるだろう。ほかに，監査の年度計画の見直しを行い，リモート監査に切り替えて実施したといった対応を行った企業も多かったのではないだろうか。

リモート監査のメリットとしては，往査先への移動時間がないという点が挙げられる。特に往査先が海外の場合には，移動にかかる時間のみならず，コストを省けるうえ，時差等による身体への影響を受けない。さらに，通信環境の整備やデジタル技術の進展により，リモートでも，比較的対面と同様にヒアリングすることも可能である。

◆　リモート監査の課題

しかし一方で，リモート監査では，いくつかの課題も存在する。

✓　現場の雰囲気や現物が確認できない

まず，リモート監査では，現場の雰囲気を把握することが難しい。

たとえば，往査に行くと個々の社員とも面談ができるだろうし，一緒に食事をとりながら雑談するなかでも，現場での問題意識等についての情報を何か入手できることがあるかもしれない。事業所全体の雰囲気など，肌感覚でおかしいことが起きていないか感じられることもあるだろう。しかし，このような現場の雰囲気の把握は，リモート監査では難しい。

また，往査で現地に行かないと見られない部分，たとえば固定資産や現金などの現物確認ができない，倉庫や工場を見て回れないといった点は，大きなマイナスである。

✓　抜き打ち性

リモート監査では，必要な書類をリスト化してメール等で先方に送り，書類については PDF 化して，送付してもらうことになるだろう。この点は通常の内部監査と大きく変わるところはない。

現地に行くことができるのであれば，たとえば，あえて事前に提供を求めた資料以外のものを確認することによって，資料全体の信頼性を確認することができる。しかし，リモート監査となると，このような抜き打ち的な対応は難しい。

このように，リモート監査では「抜き打ち」により，事実や実態を把握できる可能性が小さくなってしまうこととなる。

✓　監査時間が増加する可能性

さらに，監査の時間がかかるという点も指摘できるかもしれない。

往査であれば書類がすべてあるので１回で終わるところが，メールや電話をとおしてのコミュニケーションとなり，意図がうまく伝わらずに何度もやりとりを繰り返すことが必要となる可能性もある。

これは，事前のコミュニケーション，余裕を持ったスケジューリングをすることで対応することは可能であろう。リモート監査では，今まで以上に，監査のスケジューリングが重要となる。

＊　＊　＊

これらの課題を完全にクリアするためには，今後のデジタル技術の進歩を待たなくてはならない。

しかし，物理的に現地に往査に行けなくなったとしても，内部監査を含めたモニタリング自体を行わなくてよいということではない。内部監査を行っている，モニタリングを行っているという姿勢を往査先に見せるだけでも，一定の牽制効果は認められるだろう。

内部監査部門としては，リモート監査のデメリットもある程度想定しながら，粘り強く監査を行っていく姿勢が求められる。

【Advance】上場会社における不祥事予防のプリンシプル①

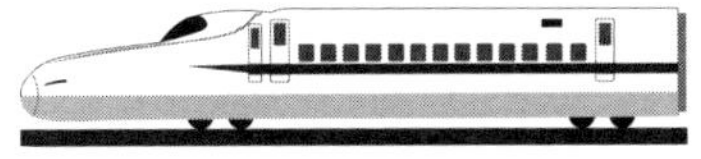

日本取引所自主規制法人は，2018年3月に，「上場会社における不祥事予防のプリンシプル」（以下「不祥事予防のプリンシプル」という）を策定した。

不祥事予防のプリンシプルは，上場会社における「平時」の対応として，実効的な不祥事を予防するための取組み指針を示したものである。

不祥事予防のプリンシプルにおける各原則は，不祥事そのものを予防するための取組みの指針であるが，自社の実態に即して創意工夫を凝らし，より効果的な取組みを進めるため，いわゆるプリンシプル・ベースのものとなっている。とはいえ，各社は，不祥事予防のプリンシプルを参考にしながら，自社の規模やレベルに合った体制を作り，それをさらに充実させていく取組みを行っていかなければならない。

不祥事予防のプリンシプルは，原則1から原則6までの6項目と，その解説から成り立っている。

以下では，原則およびその解説を引用しながら，不祥事を予防するための内部監査という観点から，ポイントを整理してみたい。

①　原則1：実を伴った実態把握

原則1では，不正・不祥事を防止するためには，自社の状況を的確に把握することの重要性が挙げられている。

内部監査においても，自社の企業風土や社内の意識等に留意しながら，また内部通報等から得られる情報を十分に活用しながら，監査を行うことが有用である。

【原則1：実を伴った実態把握】

> 自社のコンプライアンスの状況を制度・実態の両面にわたり正確に把握する。明文の法令・ルールの遵守にとどまらず，取引先・顧客・従業員などステークホルダーへの誠実な対応や，広く社会規範を踏まえた業務運営の在り方にも着眼する。その際，社内慣習や業界慣行を無反省に所与のものとせず，また規範に対する社会的意識の変化にも鋭敏な感覚を持つ。
>
> これらの実態把握の仕組みを持続的かつ自律的に機能させる。

➢　自社の状況を把握するための留意点

自社のコンプライアンスの状況を正確に把握するためには，自社の企業風土や社内各層への意識の浸透度合い等を把握することにより，自社の弱点や不祥事の兆候を認識することが必要である。

その際，現状のコンプライアンス体制が問題なく運用されているとの思い込みを捨て，批判的に自己検証することが必要である。

➢　広い意味でのコンプライアンスを意識する

コンプライアンスは，明文の法令・ルールの遵守だけに限定されるものではない。取引先・顧客・従業員などステークホルダーへの誠実な対応を含むものと理解すべきである。

さらに，コンプライアンスは，広く「社会規範」を意識し，健全な常識やビジネス倫理に照らして誠実に行動することまで広がりを持っているものである。

こうした規範に対する社会的受け止め方は時代の流れに伴い変化する部分がある。社内で定着している慣習や業界慣行が，実は旧弊やマンネリズムに陥っていたり，変化する社会的意識と乖離したりしている可能性も意識しつつ，社内・社外の声を鋭敏に受け止めて点検を行うことが必要である。

➢　内部通報や外部からのクレームを実態把握の仕組みとして活かす

この点，本来は，通常の業務上のレポーティング・ラインを通じて，正確な情報が現場から経営陣に確実に連携されるメカニズムが重要である。一方，本来機能すべきレポーティング・ラインが目詰まりした場合にも備え，内部通報や外部からのクレーム，株主・投資者の声等を適切に分析・処理し，経営陣に正確な情報が届けられる仕組みが実効性を伴って機能することが重要である。

こうした実態把握の仕組みが，社内に定着し，持続的・自律的に機能していくことが重要である。

＊　＊　＊

上記のような仕組みや意識づけを通じて，自社の状況を「的確に」実態把握することは，不正・不祥事を予防する第一歩となる。

内部監査においても，自社や子会社・関連会社等の監査対象を的確に把握することが，実効的な監査の入口となる。原則１で述べられている観点に留意した，実効的な監査が望まれる。

②　原則2：使命感に裏付けられた職責の全う

原則2では，不正・不祥事防止のためには，経営陣や監査・監督機関の役割が重要であることが挙げられている。

内部監査部門は，自身が担う牽制機能の重要性を意識し，監査にあたり，必要十分な情報収集と客観的な分析・評価が求められる。

【原則2：使命感に裏付けられた職責の全う】

> 経営陣は，コンプライアンスにコミットし，その旨を継続的に発信し，コンプライアンス違反を誘発させないよう事業実態に即した経営目標の設定や業務遂行を行う。
>
> 監査機関及び監督機関は，自身が担う牽制機能の重要性を常に意識し，必要十分な情報収集と客観的な分析・評価に基づき，積極的に行動する。
>
> これらが着実に実現するよう，適切な組織設計とリソース配分に配意する。

➢　経営陣の役割の重要性

不正・不祥事を防止するためには，コンプライアンスに対する経営陣のコミットメントを明確化し，それを継続的に社内に発信するなどして，全社に浸透させることが重要である。

コンプライアンスへのコミットメントの一環として，経営陣は，社員によるコンプライアンスの実践を積極的に評価し，一方でコンプライアンス違反発覚時には，経営陣を含め責任の所在を明確化し，的確に対処する必要がある。

実力とかけ離れた利益目標の設定や，現場の実態を無視した品質基準・納期等の設定は，コンプライアンス違反を誘発することに留意が必要である。

➢　監査機関の役割

監査機関である監査役・監査役会・監査委員会・監査等委員会と内部監査部門，および監督機関である取締役会や指名委員会等が，実効性を持ってその機能を発揮するためには，必要十分な情報収集と社会目線を踏まえた客観的な分析・評価が不可欠である。また，その実務運用を支援する体制の構築にも配意が必要である。

さらに，監査・監督する側とされる側との間の利益相反を的確にマネジメントし，たとえば，実質的な「自己監査」となるような状況を招かないよう留意する。

監査・監督機関は，不祥事発生につながる要因がないかを能動的に調査し，コンプライアンス違反の予兆があれば，使命感を持って対処する。

監査・監督機関の牽制機能には，平時の取組みはもちろんのこと，必要な場合に経営陣の適格性を判断する適切な選任・解任プロセスも含まれる。

＊　＊　＊

このように，不正・不祥事を防止するためには，経営陣や監査・監督機関が，その使命感に裏付けられた職責を全うすることが大前提となる。

内部監査部門が真に実効的な機能を果たすためには，後述のデュアルレポーティングライン等の客観的な制度設計の前提として，自身が担う牽制機能の重要性をいかに意識するか，自身の職責に対する使命感があることを忘れてはならない。

③　原則3：双方向のコミュニケーション

原則3では，不祥事予防のために，現場と経営陣のコミュニケーションや，情報の共有の重要性が挙げられている。

直接的には内部監査を対象とした原則ではないとも思えるが，内部監査においても，実効的な監査を行うためには，監査対象である現業部門とのコミュニケーションの重要性を意識することは必要である。

【原則3：双方向のコミュニケーション】

> 現場と経営陣の間の双方向のコミュニケーションを充実させ，現場と経営陣がコンプライアンス意識を共有する。このためには，現場の声を束ねて経営陣に伝える等の役割を担う中間管理層の意識と行動が極めて重要である。
>
> こうしたコミュニケーションの充実がコンプライアンス違反の早期発見に資する。

➢　現場と経営陣のコミュニケーション

現場と経営陣の双方向のコミュニケーションを充実させ，双方のコンプライアンス意識の共有を図ることは，一方が他方を支える関係にあり，両者が相まって不祥事の予防につながる。

双方向のコミュニケーションを充実させる際には，現場が忌憚なく意見を言えるよう，経営陣が現場の問題意識を積極的に汲み上げ，その声に適切に対処するという姿勢を明確に示すことが重要となる。

➢　ハブとなる中間管理層の重要な役割

現場と経営陣をつなぐハブとなる中間管理層は，経営陣のメッセージを正確に理解・共有して現場に伝え根づかせるとともに，現場の声を束ねて経営陣に伝えるという極めて重要な役割を担っている。このハブ機能を十全に発揮させるためには，経営陣が，その役割を明確に示し，評価するとともに，中間管理層に浸透させるべきである。

➢　双方向のコミュニケーションの重要性

双方向のコミュニケーションが充実すれば，現場の実態を無視した経営目標の設定等を契機とした不祥事は発生しにくくなる。

これらが定着することで，現場のコンプライアンス意識が高まり，現場から経営陣への情報の流れが活性化して，問題の早期発見にも資する。

＊　＊　＊

不正・不祥事を防止していくためには，以上のような取組みを通じて，現場と経営陣によるコンプライアンス意識の共有を図り，現場のコンプライアンス意識を高めていくことが重要である。このように，現場から経営陣への情報の流れを活性化させることにより，問題の早期発見につなげていくことが可能となる（原則4以降は，40ページ～参照）。

第 2 章

コンプライアンス違反の具体的事例①
～品質管理～

第１　基礎知識

１　品質不祥事の社会問題化

最近，品質管理に関わる不適切な事案の公表が相次いでいる。このような事態に対して，各団体から以下のような提言がなされている。

【各団体からの提言】

日本経済団体連合会は，このような状況が，わが国企業に対する国際社会および国民からの信用・信頼を損ないかねない重大な事態であるとして，2017年12月４日に,「品質管理に係わる不適切な事案への対応について」との提言を発表した。この提言は，上記のような事態から一刻も早く脱却するため，企業に対し，品質管理に関わる不正・不適切な行為がないか，自主的な調査を促すとともに，改めて法令・契約遵守の徹底，実効性のある不正防止策の実施を呼びかけている。

また，2017年11月には，日本品質管理学会も，神戸製鋼所，日産自動車，SUBARU 等による品質管理に関わる不祥事に対して，「一連の品質不祥事に対する一般社団法人日本品質管理学会声明」を発表し，近年繰り返されているこの種の不祥事の再発防止に向けた取組みを進めるとしている。

さらに，2019年７月には，同学会は，「品質立国日本再生」に向けて産業界が総力を挙げて動き出すべき時であるとして，「『品質立国日本再生』に向けての提言」を発表している。

このように，品質管理に関わる不祥事に対応して，企業として実効的な取組みが求められているところである。

２　品質不祥事の分類

上述の日本品質管理学会の「『品質立国日本再生』に向けての提言」によれば，

品質不祥事は，その内容により，次の３つに分類されている。

【品質不祥事の分類】（「『品質立国日本再生』に向けての提言」から引用）

⑴　**品質不良品問題**

企業の品質管理が弱体であることから，製品出荷前に品質不良品を発見できず，不良品が顧客・社会に流出して社会的に大きな問題となったケースである。その過程では，意図的な不良品の出荷や法律違反の認識はなく，トップの関与も必ずしも明確でないため組織的な不祥事とはいえないものである。

⑵　**データ改ざん問題**

企業の製造工程内，あるいは出荷検査において，意図的にデータを改ざんしたケースである。お客様と取り決めた仕様を外れても実際の使用では実害が生じないなどと勝手に判断して出荷したもので，明らかに意図的な品質不祥事として社会から指弾されている。

⑶　**法律違反問題**

法律あるいはJISが定めた規格，検査方法，性能などについて法律違反であることを認識していたにもかかわらず出荷したケースである。品質を犠牲にしてでも納期を優先したい，追加作業にかかるコスト増を避けたい，遵守すべき規定が古くて実際には過剰品質であるなど，企業の身勝手な考えで出荷した確信的な不正である。

⑵，⑶はトップの関与の有無にかかわらず，企業活動において最も優先されなければならないコンプライアンス違反の不正である。

まず，⑴品質不良品問題は，意図的ではないとはいえ，自社製品に対する社会的な信頼を損なう事態であるから，企業経営に与える影響を考えると，できるだけ避けるべき事態であることは間違いない。

しかし，⑵データ改ざん問題，⑶法律違反問題は，法令や社会的なルール，客先との取決め等とは異なる製品を，「意図的に」出荷したものであり，組織的な関与が疑われるケースが多い。このため，自社製品への信頼を損なう度合いは，単なる品質不良といった事態にとどまらず，自社の経営に与える影響は甚大である。

したがって，上記提言のとおり，経営トップの関与の有無にかかわらず，企業経営において最も避けなければならないコンプライアンス違反である。

3　検査不正の手口

では，品質不祥事に関連して，意図的に検査が不正に行われるのは，どのような手口でなされるのであろうか。

2021年7月20日付日本経済新聞電子版によれば，検査不正を，

① ないデータをあるようにでっちあげる「データの捏造」
② 悪いデータをよいデータに書き換える「データの改ざん」

に分類したうえで，それぞれ以下のような手口が紹介されている。

【データ捏造の手口】

ア　過去の合格値をコピー＆ペーストで活用する
イ　他製品や試作時のデータを流用する
ウ　理論的にデータを算出する

【データ改ざんの手口】

エ　不合格値に一定の値を加減算して合格値に書き換える
オ　検査条件を実際とは異なるものに書き換える
カ　検査結果を実際とは異なるものに書き換える

このような検査の不正が長期にわたり継続していた場合は，少なくとも当該

部門内においては，そのような不正に関する情報が共有され，引継ぎまでなされているケースが多い。このように，不正が組織・部門ぐるみで行われ，その偽装が巧妙であればあるほど，その実態を暴くことは難しい。

しかし，品質検査の不正が発覚した場合，企業としての信用を失うのみならず，その後もさまざまな検証業務が必要となる。膨大な検証業務は，時間的にも，労力的にも作業者に多大な負担をかけるのみならず，企業のコストを増加させ，結果的に企業体力を圧迫する要因となる。

不正の「病巣」を早期に発見し，是正に向けた取組みを行うことにより「膿を出す」ことが，結果的には，自社の経営を救うことになることを肝に銘じるべきである。

4　法的規制

品質管理に関わる不適切な事案に関連する法的規制，発生する法的リスクとしては，次のようなものが挙げられる。

(1)　法的規制

品質に関連する主な規制を挙げると，次のような法令がある。

①　不正競争防止法

不正競争防止法は，事業者間の公正な競争およびこれに関する国際約束の的確な実施を確保するため，不正競争の防止および不正競争に係る損害賠償に関する措置等を講じ，もって国民経済の健全な発展に寄与することを目的としている。

不正競争防止法においては，商品もしくは取引に用いる書類等に，その商品の原産地，品質，内容，製造方法等を誤認させるような表示をし，またはその表示をした商品を譲渡し，引き渡すことを，「誤認惹起行為」として規制の対象としている（同法2条1項20号）。

これに違反した場合には，それによって利益の侵害を受ける者から差止請求や賠償請求を受ける可能性がある（同法3条，4条）。この損害額については，推定規定が置かれている（同法5条）。

さらに，刑事罰として，このような行為を行った者は，5年以下の懲役もしくは500万円以下の罰金またはこれらの併科となる（同法21条2項1号・5号）。行為者のみならず，法人に対しても，3億円以下の罰金が科される可能性がある（同法22条1項3号）。

②　産業標準化法

産業標準化法は，適正かつ合理的な産業標準の制定および普及により産業標準化を促進すること等を目的としている。JIS（日本産業規格）とは，産業標準化法に基づき制定される，任意の国家規格である。

規格とは適合しない製品を出荷していたことにより，JIS 認証を取り消された場合には，以下のような問題が生じうる。

たとえば，取引先との販売契約上，JIS 認証が製品規格の前提となっている場合には，契約条件に沿った製品の納品ができず，債務不履行となる可能性がある。このため，取引先との契約条件の変更等の交渉が必要となる。また，JIS 認証が自治体などの入札参加要件になっている場合には，その入札に参加できない可能性もある。

このように，JIS 認証の取消しにより，企業経営上さまざまな不利益が発生する可能性があることに留意が必要である。

【法的規制のポイント】

不正競争防止法　→「誤認惹起行為」の規制
産業標準化法　　→ JIS 認証の取消しが契約条件の不履行
　　　　　　　　　入札資格の取消し等の問題に発展する可能性

(2) 発生するリスク

① 法的リスク

まず，民事責任として，上述のように，取引先から不正競争防止法上の損害賠償請求や，契約条件に沿った製品の納品ができないことにより，債務不履行を根拠として損害賠償請求等を受ける可能性がある。

さらには，刑事責任として，上述の不正競争防止法違反罪（虚偽表示罪）の成立や，品質を偽って出荷したとして，刑法上の詐欺罪が成立する可能性もある。

② 企業の社会的信頼が失われるリスク

上述のような法令等の違反のほかに，自社の製品に対する信頼を失うというレピュテーションの問題も重大である。

意図的に，自社製品の品質を偽る行為は，自社の製品のみならず自社に対する信頼を喪失させる，経営の根幹に関わる問題である。このため，自社の中長期的な競争力を失わせ，究極的には自社の存続問題に発展する可能性があることは論をまたない。

■より深く学ぶために

- 経済産業省「不正競争防止法の概要」

https://www.meti.go.jp/policy/economy/chizai/chiteki/unfaircompetition_new.html

不正競争防止法をはじめとした「偽装表示」等に関する規制の最新の情報が網羅されている。

- 経済産業省「法律による表示規制（折り込み版）」（平成20年３月）

https://www.meti.go.jp/policy/economy/chizai/chiteki/pdf/panfretorikomi.pdf

商品やサービスに関連した，品質・内容に関する表示について規制しているさまざまな法律が紹介されている。

- 経済産業省「偽装表示の防止と不正競争防止法」

https://www.meti.go.jp/policy/economy/chizai/chiteki/pdf/panfrethontai.pdf

不正競争防止法における誤認惹起表示規制の概要について，解説されている。

第２　具体的な事案～Ｇ社のケース

1　事案の概要

(1)　未承認の部品の使用

自動車部品等の製造・販売を主たる業務とするＧ社では，2018年３月初旬の内部監査部門の調査で，国内工場において製造した一部の製品において，同社内で製造した部品を組み付けるべきところ，販売先の事前承認を得ることなく，中国メーカーから購入した部品を組み付けたうえ，販売・出荷していたこと【①未承認の中国製部品の使用】の疑いを指摘された。

(2)　出荷関連データの書き換え

また，その後の社内調査の結果，一部において出荷関連データの書き換えを行い，Ｇ社製造による部品を組み付けたとして出荷していたこと【②出荷関連データの書き換え】も判明した。

(3)　製品に関わる不適切表示および承認のない生産工程の変更

その後，同社は，本件不適切行為の概要を公表するとともに，同社と利害関係を有しない外部の専門家，および本件不適切行為に関与していなかった社外監査役で構成する特別調査委員会を設置し，調査を行った。

その結果，調査の一環で実施した従業員のアンケート調査およびその後のヒアリング調査によって，【③製品の原産地に係る不適切表示および販売先の事前承認を得ていない生産工程の変更】という，新たな不適切行為が判明した。

＊　＊　＊

このように，本件不適切事案は，まず内部監査部門の調査で，不適切行為【①未承認の中国製部品の使用】が発覚した後，その後の調査により，不適切行為

【②出荷関連データの書き換え】，不適切行為【③製品の原産地に係る不適切表示および販売先の事前承認を得ていない生産工程の変更】が発覚したものである。

【本件のポイント】

> 内部監査部門の調査で，不適切行為①が発覚
> →その後の調査の過程で，不適切行為②③が発覚

また，本件の関係図は次のとおりである。

【本件の関係図】

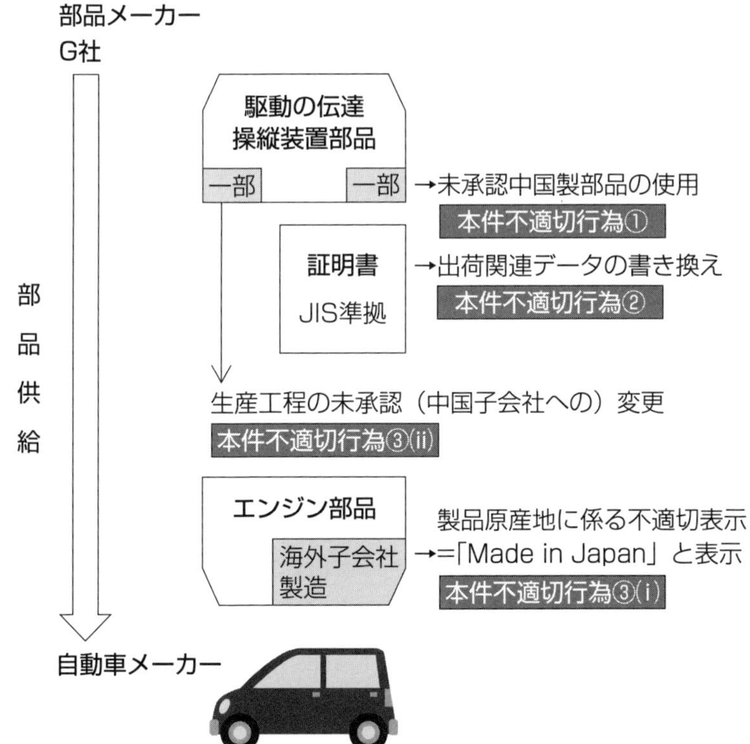

なお，これらの不適切行為は，前述の日本品質管理学会の「「品質立国日本再生」に向けての提言」における品質不祥事の分類（15ページ参照）によれば，次のように整理できる。

まず，不適切行為①および③は，販売先の事前承認を得ていない点，原産地に関する不適切な表示をしているという点において，「法律違反問題」に該当するものと考えられる。不適切行為②は，出荷関連データを書き換えていた点において，「データ改ざん問題」に該当する。

2　本件不適切行為の公表に至る経緯

G社の内部監査室は，2018年３月７日に，同社監査役に対し，本件不適切行為①について調査した結果，これがコンプライアンス違反であることを指摘するとともに，早急な対応を要望する書面を提出した。

これを受けて，監査役会は，関連部門担当者からのヒアリングを行った。また，2018年４月２日に，取締役会に対し，本件不適切行為①について調査した内容および取組み状況を，監査役会に報告することを求めた。

これと並行して，2018年３月26日，取引金融機関から，取締役会長に対し，本件不適切行為①が疑われる旨の問い合わせがなされた。さらに，2018年４月に，取引先の監査が予定されており，その際，駆動・伝達および操縦装置部品の製造工程の監査も求められていた。

✓　取締役会における情報共有

以上のような経過を経て，2018年４月17日に開催された取締役会において，本件不適切行為について報告がなされた。これにより，取締役全員が本件不適切行為について認識を共有し，①対象範囲の特定と速やかな取引先への説明，社外公表を行うこと，②委員の選任を社外役員に一任した外部の委員会による調査を依頼する方向で進めること等を確認した。

また，本件不適切行為①に関する社内調査の過程で，本件不適切行為②が判明し，G社はこれについても重大なコンプライアンス違反であると判断し，これを公表することとした。

上記の本件の事実関係の一連の経過を整理すると，次のとおりである。

【公表に至る事実経過】

2018年3月7日：	内部監査室が，監査役に対し，本件不適切行為①についてコンプライアンス違反であることを指摘，経営による早急な対応を要望する書面を提出
同年4月2日：	監査役会が取締役会に対し，本件不適切行為①について調査した内容および取組み状況を監査役会に報告することを要請
同年4月17日：	取締役会において，本件不適切行為について報告がなされ，取締役全員が本件不適切行為について認識を共有，対象範囲の特定と速やかな取引先への説明，社外公表を行うこと，および委員の選任を社外役員に一任した外部の委員会による調査を依頼する方向で進めること等を確認
同年5月7日：	「弊社製品の一部に関する不適切行為および決算発表延期に関するお知らせ」をリリース
2019年5月9日：	「不適切行為に対する再発防止策の進捗状況」のリリース
同年5月10日：	特別調査委員会の設置
同年5月21日：	G社の全役員および全従業員合計339名に対して，特別調査委員会委員長名義による「調査のお願い」と題する書面，G社による当該アンケートへの協力要請書面，アンケート回答用紙および返送用封筒を配布し，郵送，FAXまたは電子メールにより回答を直接特別調査委員会に提出する方法により，アンケート調査を実施
同年7月31日：	G社が特別調査委員会から調査報告書を受領
同年8月1日：	「特別調査委員会からの調査報告書の受領および弊社の対応等に関するお知らせ」「コンプライアンス宣言」をリリース

3　本件不適切行為の概要と役職員の認識

このように，本件不適切行為は，多数の品質不正が重なり合ったものである。本件不適切行為を，もう少し詳細に述べると，次のとおりである。

(1)　本件不適切行為①（未承認の中国製部品の使用）

本件不適切行為①は，価格競争力をつけるべく，取引先の承認を得ずに，仕様書に定められていない原料を使用して，部品を製造したというものである。

その概要と役職員の認識は，以下のとおりである。

【本件不適切行為①の概要と役職員の認識】

ア　内　容

G社において製造した，自動車部品（駆動・伝達および操縦装置部品）は，取引先との仕様書上，日本のJIS規格に準拠した鋼材原料を使用して，同社にて内製した部品を使用することとされていた。

他方，G社は，中国等の海外製品に対する価格競争力をつけるべく，製造ラインの海外子会社移管等により製造原価を低減させることが経営課題であった。このため，その製品の一部について，2005年以降，2018年まで，取引先の承認を得ることなく，中国の規格に準拠した鋼材原料を使用して，G社と資本関係がない中国メーカーにおいて加工された部品を組み付けた駆動・伝達および操縦装置部品を販売・出荷していた。

なお，G社は取引先には変更の連絡をしておらず，取引先は，仕様書どおりG社の内製品を使用しているものと認識していた。

イ　役職員の認識

本件不適切行為①は，一定の経営陣の関与のもとに行われたものである。その後，遅くとも，2007年7月27日の時点では，各取締役が，その職責との関係で，問題の重要性をどの程度認識したかは別として，当時のほぼ全取締役が，本件不適切行為①を認識した。

その後に取締役または監査役に就任した役員については，知ることとなった時期，経緯，知った内容の詳細さの程度は，さまざまである。しかし，G社が本件不適切行為①を公表する以前には，その内容を知り，対処の必要がある課題であると認識していた。

さらに，特別調査委員会が行ったヒアリングおよびアンケートの結果からは，本件不適切行為①が行われていることは，多くの執行役員および一部の従業員の間で，公然の秘密として知られていたことが判明している。

(2)　本件不適切行為②（出荷関連データの書き換え）

本件不適切行為②は，販売・出荷した製品の一部について，出荷関連データの内容を書き換えたというものである。

その概要と役職員の認識は，以下のとおりであった。

【本件不適切行為②の概要と役職員の認識】

ア　内　容

本件不適切行為①に関連して，G社が販売・出荷した製品の一部について，組み付けた部品の素材に関する資料として，実際に組み付けた部品は中国メーカー製の中国の規格の鋼材であるにもかかわらず，

(ア)　2005年ころから2010年ころまで，国内鋼材メーカーが発行した日本の規格の鋼材検査証明書の複写物を提出し，または，

(イ)　2010年ころから2011年まで，G社において作成した国内鋼材メーカー名義の日本の規格の鋼材検査証明書に，国内鋼材メーカーが発行した日本規格の数値を転記して提出し，もしくは，

(ウ)　2012年以降G社が発行する検査証明書に，国内鋼材メーカー製造に係る日本の規格に準拠した部品であると表示したうえ，日本規格の数値を記載して提出していた。

イ　役職員の認識

取引先に対する鋼材検査証明書等の提出は，営業部門の指示により行われる。

調査報告書によれば，品質保証部の担当者は，G社の方針として，取引先に対しては，従来どおり自社で内製した日本規格の部品を使用していると説明している以上，苦渋の判断として，正しくない鋼材検査証明書等の提出という本件不適切行為②を行わざるを得なかった，とされている。

なお，調査報告書によれば，本件不適切行為②については，品質保証部担当の執行役員を除き，営業部門をはじめとする取締役ら経営陣は，具体的な内容までは知らなかった，とされている。

なお，本件不適切行為②の手口である上記(ア)(イ)(ウ)は，検査不正の手口（16ページ参照）のうち，ないデータをあるようにでっちあげる，「データの捏造」に当たる。また，その手口としては，「イ　他製品や試作時のデータを流用」したものと整理できるだろう。

(3) 本件不適切行為③（製品の原産地に係る不適切表示および販売先の事前承認を得ていない生産工程の変更）

本件不適切行為③は，i）製品の原産地に関して不適切な表示を行った，ii）販売先に事前の承認を得ずに生産工程を変更した，というものである。

その概要と役職員の認識は，以下のとおりであった。

【本件不適切行為③の概要と役職員の認識】

ア　製品の原産地に係る不適切表示

(ア)　内　容

G社は，元々国内工場において自動車のエンジン部品を一貫生産していたが，自動車業関連部品製造業界における価格競争力を確保するため，タイや中国の海外子会社に生産設備の移管を進めてきた。しかし，エンジン部品については，サウジアラビアやエジプト等中近東の取引先から，日本製の部品の販売を求める強い要請があった。

そこで，G社は，主に中近東向けに出荷するエンジン部品について，国内工場で製造した製品のほかに，タイ子会社や韓国子会社で製造したエンジンの部品を日本に輸入し，国内で部品を組立・梱包等したうえで出荷するようになった。その際，G社は，遅くとも2007年ころには，タイ子会社等海外から購入した完成品のエンジン部品等につき，その製品のラベルやケースに，「Made in Japan」を表示して出荷するようになった。

さらに，2010年以降には，サウジアラビア向けのエンジン部品について，タイ子会社等海外から購入した完成品であるにもかかわらず，レーザー刻印機により「Made in Japan」の刻印を施したうえで出荷するようになった。

なお，部品に「Made in Japan」表示がされていることから，取引先は，製品の原産地が日本であると認識していた。

(イ)　役職員の認識

「Made in Japan」の不適切表示については，経営会議や取締役会において度々確認され，不適切な「Made in Japan」の表示を取りやめる方針が度々示されていた。それにもかかわらず，G社は，営業担当役員等の了承のもと，「Made in Japan」の不適切表示を継続していた。

また，「Made in Japan」の不適切表示の問題は，特別調査委員会のアンケートにおいて多くの社員が指摘した問題であった。

イ　販売先の事前承認を得ていない生産工程の変更

(ア)　内　容

G社が製造する駆動・伝達および操縦装置部品のうち，英国代理店を通じて海外の取引先2社に販売する2品番について，2014年7月，従来国内工場において行っていた製造工程の一部（切削，熱処理および研削）を，中国子会社に移管した。

このような製造工程の変更は，取引先の承認を要する事項であるところ，生産企画部からの工程変更申請に対し，営業部は，取引先の承認を申請することおよび承認後まで変更不可と回答した。

しかしその後，営業部は，取引先の承認を得る手続は年末までかかる予定で継続中であるが，営業が責任を持って問題に対処すると回答したことから，G社は，製造工程の移管を実施した。しかしG社は，取引先には生産工程の変更の連絡をしておらず，取引先は，上記2品番についてG社の国内工場で製造していると認識していた。

その後G社は，品番を追加して取引を開始したところ，2017年3月，当該取引先から，中国子会社が発行した部品提出保証書に署名を受けることができた。しかし，3品番のうち2品番については承認が得られないままであった。

以上のとおり，G社は，取引先の承認を得ないまま，工程変更を実施した。なお上述のとおり，1品番については事後的であるが承認を得たものの，残る2品番については承認を得ないまま，変更後の工程に基づき製造出荷を継続していた。

(イ)　役職員の認識

本件は，本件不適切行為①と異なり，「工程／図面変更申請書」により，取引先の承認が確認できない限り工程変更ができなくなるという，G社内の手続が変わった後に行われた。

すなわち，取引先の承認を得る手続中であるにもかかわらず，コストダウンの必要性から，営業部が責任を持つとの理由により，営業部に押し切られた形で品質保証部も変更を認めたものである。

したがって，営業部および品質保証部における担当役職員の認識のもとに行われた行為である。

以上のように，本件不適切行為は，価格競争力をつけるべく，製造原価を低減させること等を目的としており，担当役職員の認識のもとに行われたものが数多く存在する。

本件不適切行為は，早いものでは2005年に開始されており，その後，多くの役職員が不正を認識していたにもかかわらず，2018年にメスが入れられるまで，発覚までに10数年の期間を要している。

第3　内部統制上の問題点

1　本件不適切行為の発生原因

では，まず本件不適切行為について，G社の内部統制上，どのような問題点があったのであろうか。

(1)　調査報告書の分析による発生原因

調査報告書においては，本件不適切行為が，経営陣による関与または認識のもとで，長期間にわたり継続し，抜本的な是正処置ができなかったことの重大性が指摘されている。

さらに，一連の不適切行為の原因と背景について，次のような点が指摘されている。

【調査報告書記載の本件不適切行為の原因と背景】

①　コンプライアンス意識の希薄さ
②　取締役間のコミュニケーション不足
③　不透明な意思決定過程
④　継続的チェックシステムの不十分性
⑤　品質保証部の脆弱性

(2)　不正のトライアングル仮説からの分析

本件不適切行為について，クレッシーの不正のトライアングル仮説の観点から整理してみる。

コラム

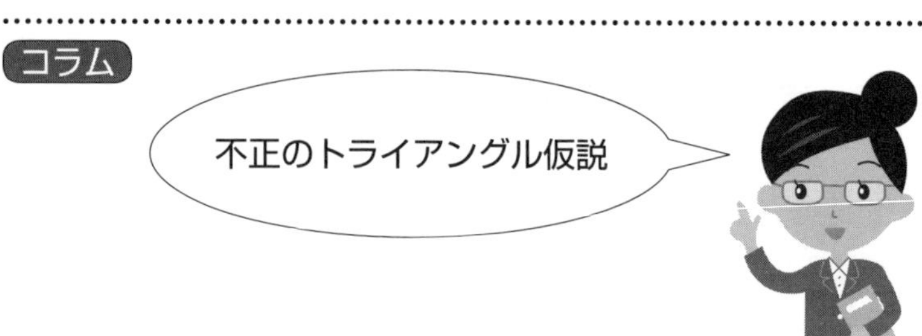

不正のトライアングル仮説は，アメリカの犯罪学者クレッシーが唱えた仮説である。

これは，主観的な状況として，「動機」（不正行為を実行する動機の存在を示す主観的状況）および「正当化」（不正行為を正当化する主観的状況）と，「機会」（不正行為の機会を与える客観的事象や状況）の3つがそろったときに，不正が発生するというものである。

不正が発生した場合の分析の際に，その原因を分析する視点として，「動機」「機会」「正当化」という観点から分析・整理がなされることが多い。

①　不正の主観面～動機・正当化

まず，本件不適切行為の主観的な要因である「動機」としては，主として，製品の価格競争力を高めるために，コスト削減を行うためになされたものであった。このような自社や自部門の経営成績をよくみせたいという意識が，不正・不適切事案の「動機」となることは容易に理解できるだろう。

次に，「正当化」の問題として，G社において「品質がよい製品であれば，取引先との約束を守らなくても大きな問題ではない」という考えが存在したであろうことがうかがわれる。調査報告書によると，特別調査委員会の実施したヒアリングにおいて，取引先との約束を守らなかったことは問題ではあるが，「G社の製品の品質はよい」「製品についてトラブルは発生していない」ということを強調する役職員が少なからずいたとされている。これは，「品質がよい製品であれば，取引先との約束を守らなくても大きな問題ではない」という認識を示すものであろう。仮に不正を行っていたとしても，それは「大きな問題ではない」と「正当化」する心理が働いていたものと推測される。

では，なぜこのような「正当化」する心理が発生したのであろうか。

G社は，元々，アフターマーケット（自動車メーカーが調達またはリリースしない補修用部品として使用される交換部品の市場）において創業し，発展してきた企業である。本件不正行為発覚時点でも，G社単体でのアフターマーケットでの売上は，約70％を占めていた。

アフターマーケットは，既存部品と代替可能な品質のよい部品を，できるだけ安価に供給することを求められる。その品質については，G社で保証すれば足り，新車のように，メーカーが求める品質，工程を必ずしも遵守する必要はない。そのため，調査報告書によれば，アフターマーケットを主な市場とするG社では，「品質がよければ問題はない」との認識が強く，材料や工程などにつき，取引先との約束を守ることが必要であるとの認識は希薄であったようである。

なお，G社では，2008年に，自動車産業の国際的な品質マネジメントシステム規格（ISO/TS16949）を取得しており，その取得の準備段階から，OEMにおいては，所定の工程を遵守することが重要であるとの認識が共有されるようになった。これにより，取引先との約束を軽視する考えは相当程度改善されたようであるが，その後も本件不適切行為を抜本的に改善しようとする試みがなされなかった。

これは，「品質がよく，問題が発生しなければよい」との考えが，G社の役職員の意識の根底に残っていたからではないかと推測される。このように企業風土ともいえる，組織内に染みついた意識や心理は，なかなか変わるものではない。G社においては，ルールを軽視するとまではいわないまでも，「ルールよりも品質を重視」という経営風土があったことは否めない。このような点が，調査報告書において，「コンプライアンス意識の希薄さ」として整理されている。

このように，「品質がよい製品であれば，取引先との約束を守らなくても大きな問題ではない」，「納入製品が顧客製品の部品であり最終製品ではない」等の経営風土が，不正ないし不適切な行為を「正当化」するよう作用したものと考えられる。

【本件のポイント】

- 動機　→価格競争力の向上
- 正当化の根拠
  →役職員の意識の根底にある,「品質がよく，問題が発生しなければよい」という考え（経営風土）

②　不正の客観面～機会

次に，客観的な要因である「機会」について検討する。

✓　不適切行為①について

本件不適切行為①は，経営陣が関与して発生し，かつそれが継続した事案であり，多くの役職員が対処の必要があると認識していた。それにもかかわらず，品質保証部，監査役等も含めて，長期間にわたり，これを止めることができなかった。

G社においては，品質保証部が存在していたものの，その役割と責任が徹底されていなかったようである。すなわち，品質保証部が，品質保証の観点から事前に意見を述べ，場合によっては製品出荷にストップをかけるという体制にはなっていなかった。このため，品質保証部の了解がなければ工程変更ができないというルールが徹底されず，本件不適切行為①を防止することができなかった。

また，2007年7月27日の経営会議において，本件不適切行為①が取り上げられ，中国製部品の使用につき取引先の了解を得る手続を行うこととなっていた。しかし，実際には，その後10年以上にわたり承認は得られていなかった。それにもかかわらず，G社の経営会議や取締役会において問題とされていない。

すなわち，このようなコンプライアンスに関わる事案につき，その改善内容を継続的に確認する体制になっていなかった。

✓　不適切行為②について

次に，本件不適切行為②については，本件不適切行為①が実行される過程で，その発覚を防ぐために，むしろ品質保証部自身において行われた行為である。適切な検査を行って，製品の品質を保証すべき品質保証部が，本来の役割を果たしていなかったといわざるを得ない。

✓　不適切行為③について

さらに，本件不適切行為③についても，経営会議や取締役会において，度々確認されていた。その際，不適切な「Made in Japan」の表示を取りやめる方針が度々示されていたにもかかわらず，取締役会等においてその後の進捗状況を確認した形跡はない。

また，生産工程の変更については，営業部および品質保証部において，担当役職員が認識し，その承認のもとに行われた行為である。コスト削減のために，営業部に押し切られて，品質保証部が変更を認めてしまったものである。

以上のように，品質について継続的なチェックシステムが不十分であり，品質保証部のモニタリング体制の役割や権限が不明確ないし不徹底であった点が，本件不適切行為の「機会」となったものと考えられる。

【本件のポイント】

- 継続的なモニタリング体制がなかった
- 品質保証部の役割・権限の不徹底
  →営業部に押し切られる形で追認

2　改善のポイント

では，G社としては，管理体制をどのように改善すべきであろうか。

(1)　調査報告書記載の再発防止策

調査報告書においては，再発防止策として，

①　本件不適切行為等の再発防止
②　全般的なコンプライアンス体制の確立

③　経営陣による不適切行為の防止

の観点から，次のような再発防止策が提言されている。

【提言された再発防止策】

①　**本件不適切行為および類似行為の再発防止策**
- 工程等の変更手続の明確化
- 品質保証部の人事ローテーション

②　**全般的なコンプライアンス体制の再構築**
- コンプライアンス意識の醸成
- コンプライアンス委員会の再構築
- 内部監査室の充実
- 内部通報制度の活性化
- 文書の作成・保管

③　**経営陣による不適正行為の再発防止策**
- 品質保証部の位置づけの変更
- 社外取締役の充実および活用
- 取締役会の活性化
- 監査役機能の充実
- 人事・報酬に関する任意の諮問委員会の活性化

④　**モニタリング体制の整備**

⑵　品質コンプライアンスに関する危機感の醸成

この点，上述のとおり，本件不適切行為の一部は，G社内において，役員および従業員のなかで，いわば公然の秘密とされていた事項であった。

モニタリングを行う品質保証部や，監査役でさえ，対処の必要がある課題であると認識していたものの，それが結果的には放置されていた。内部統制システムを構築すべき役員が認識していたという意味で，いわゆる経営者による

「内部統制の無効化」というべき事例である。このため，もちろん品質保証部の脆弱性の改善（役割と責任の明確化，人事ローテーション）も重要であるものの，再発防止策のポイントとしては，まず何よりも，そもそも経営者自身および従業員が，顧客との契約を遵守するという，「コンプライアンス意識」を再確認することが肝要となろう。

このような不正が発生する場合，「やってはいけない」とは認識しながらも，「品質がよい製品であれば，大きな問題ではない」という正当化の認識を持つのであるが，そこには「やった場合にどうなるのか」ということの，自身や自社に対するインパクトや波及効果についての認識が抜け落ちている。この点についての啓蒙活動として，教育研修が行われることも多いが，そこで重要な点は，生々しい事実を含めた，不正を行った場合の「具体的な不利益や損害」を示し，不正が割に合わないという点を腑に落ちる形で伝えることである。

特に，OEMにおいては，部品メーカーは，新車メーカーのサプライチェーンの一部に組み込まれており，そのサプライチェーンの全員がそれぞれ取引先との契約を果たすことにより，完成品を供給するシステムである。逆に，その部品メーカーの一部が「品質がよい製品であれば，大きな問題ではない」として，定められた規格等に違反した場合，当該部品メーカーの部品の問題のみならず，製品全体の安全性能や品質基準にまで影響を及ぼし，ひいては，サプライチェーン全体の存続自体を危うくするレベルまで被害が拡大する可能性もある。

G社において，内部統制が無効化されていった経緯をふまえて考えると，このようなサプライチェーンを見据えた，品質コンプライアンスに関する危機感の醸成が最も重要であると考えられる。

【本件の改善ポイント】

品質コンプライアンスに関する危機感の醸成
→教育研修活動
＝不正を行った場合の「具体的な不利益や損害」を示し，不正が割に合わないという点を腑に落ちる形で伝える

第4　内部監査の問題点

1　内部監査の状況

G社においては，2007年10月に，内部統制システムに係る監査業務と内部監査室を統合し，内部監査室として独立させ，以来，内部監査室長1名がその業務にあたっていた。また，内部監査室は，社長直轄の機関とされていた。

そして，本件においては，この1名の内部監査室長が，「社内の公然の秘密」とされていた，本件不適切行為①についてメスを入れ，監査役を動かしたことにより，結果的に複数の不適切な行為が公になるに至った。

内部監査室長から監査役に対し，制度上は特段のレポートラインがなかったものの，内部監査室長は，コンプライアンス違反であることを直接指摘するともに，経営による早急な対応を要望する書面を提出した。

おそらく，制度上の報告ルートである社長に本件を報告した場合，執行サイドに「もみ消される」おそれがあったことから，当該内部監査室長は，監査役に直接報告し，早急な対応を要望する書面を提出したのであろう。このように，内部監査室長が，問題の指摘の方法について，相当程度工夫をしたことがうかがわれる。

そのため，内部監査におけるレポートラインや監査役との連携の重要性について，非常に示唆が得られる事案であるといえるだろう。

【本件のポイント】

社長直轄の内部監査室の室長
→監査役に早急な対応を要望する書面等を提出
→社内の公然の秘密が公に

2　学ぶべきポイント

上記のとおり，本件は，内部監査がある程度機能し，不適切な行為を表面化させた事案である。

内部監査室には，室員が１名しかおらず，人員的には十分であるとはいいがたかったと思われる。また，社長直轄である内部監査室であったにもかかわらず，そのレポートラインや連携の工夫次第により，「社内の公然の秘密」にメスを入れることができたものである。

このように本件は，デュアルレポーティングラインという制度（99ページ参照）が，いかに内部監査の実効性に影響を与えるかについて，示唆を与えるものである。仮に体制が不十分であっても，内部監査に係る人員に，工夫と気概があれば，会社の自浄作用を発揮させることができたということについては，学ぶべき点であろう。

3　改善のポイント

このように，内部監査室員の職業意識，気概は，内部監査を実効的に機能させるために重要な要素である。しかし，組織としては，内部監査室員の「資質」という，属人的な意識や能力に依存することは危険であり，一般化することはできない。組織としては，主観的・属人的な要素を，いかに会社の仕組みに高めていくのか，どのような体制を作れば，より内部監査が機能しやすくなるかを考えなければならない。

本件は，上述のとおり，内部監査が有効に機能したという側面もあるが，本件不適切行為①は，2005年に開始され，その後，2018年にメスが入れられて，発覚するまで十数年の期間を要している。また，2007年には，ほぼ全取締役が認識し，いわば公然の秘密とされていたのであるから，より早い段階で，内部監査が機能し，不適切行為を表面化させることができなかったかという点は，教訓となろう。

本件調査報告書においても，再発防止策として「内部監査室の充実」が挙げられている。それを受け，G社も，内部監査の「補助者の増員」と「取締役会，監査役会，内部監査室の間の連携強化」を実施している。

特に，内部監査の報告ルートとして，執行サイドのみならず，監査役等への直接報告制度，いわゆる「デュアルレポーティングライン」を整えることが有効であろう。長期にわたり継続され，社内において公然の秘密となっている事象があったとしても，執行サイドから独立した報告ラインを確保し，機能させることが，そこにメスを入れるためのポイントである。

この場合，「デュアルレポーティングライン」という形だけの制度を実効的に機能させるためには，単に制度を作るのみならず，内部監査の執行サイドからの独立性を確保することが必要である。このためには，内部監査室員に関する人事権の担保が重要であり，101ページを参照していただきたい。

【本件の改善ポイント】

内部監査が有効に機能する仕組み
→執行サイドから独立して不正に対応できる体制を構築
→直接報告制度（デュアルレポーティングライン）の構築
　人事権の担保が重要

【本件から学ぶ　品質管理に関する内部監査のポイント】

①　品質管理に関する内部統制状況の確認

□　品質不祥事の原因（機会提供）となる会社の管理体制の穴はないか

• 品質保証部が有効に機能しているか

• 品質コンプライアンスに関する認識は十分か

□　品質保証部が有効に機能しているか

• 品質保証部の業務内容を確認し，品質不良品，検査データ，法令および取引先との契約条件を品質保証部のチェックが有効に機能しているか

→特に，営業部，経営企画部等に押し切られている状況はないか

→品質保証部が必要な権限とマンパワーを有しているか，組織としての改善点はないか

□　品質コンプライアンスに関する認識は十分か

• 教育研修活動が行われているか

→品質不祥事の具体的事例を挙げて，不正を行った場合の具体的な不利益や損害を示し，不正が割に合わないという点を腑に落ちる形で伝えているか

②　事実の発生の有無の確認

□　品質不良品が出荷されていないか

→取引先等から会社への製品クレームの有無等の確認

□　製造工程および出荷検査においてデータ改ざんがされていないか

→検査証等の作成過程の確認

• 未検査で過去のデータ・他製品のデータの転用がされていないか

• 検査数値が書き換えられていないか

□　法律違反がなされていないか

→誤認惹起行為はないか，取引先との仕様書等の契約条件に反する取扱いはないか。

→会社の製造現場サイドの従業員からの細かなヒアリングを行い「公然の秘密」となっている品質問題がないか。

★　品質不祥事が見つかった場合の対応

品質不祥事に経営層あるいは有力な役員が関与している場合

→監査役（会）に報告する等モニタニング機関と連携をとって対応

【Advance】上場会社における不祥事予防のプリンシプル②（11ページの続き）

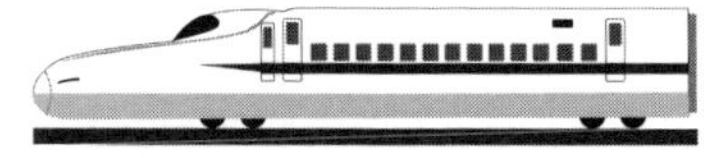

④　原則4：不正の芽の察知と機敏な対処

原則4では，不正・不祥事の芽を「早期に把握し，迅速に対処する」ことが重要であること，それにより，「重大な」不正・不祥事に発展するのを防止することが可能となることが説かれている。

内部監査は，コンプライアンス違反を早期に把握するために重要な役割を担っている。コンプライアンス違反に対して，迅速な対処をするためには，不正の芽を早期発見することが何より大切である。

【原則4：不正の芽の察知と機敏な対処】

> コンプライアンス違反を早期に把握し，迅速に対処することで，それが重大な不祥事に発展することを未然に防止する。
>
> 早期発見と迅速な対処，それに続く業務改善まで，一連のサイクルを企業文化として定着させる。

➢　不正の芽は常にあることを意識

どのような会社であっても，不正の芽は常に存在している。不祥事予防のために重要なのは，不正を芽のうちに摘み，迅速に対処することである。迅速に的確に対処できなかったことにより，企業に大きなダメージが生じることも少なくない。

たとえば，調査担当部署が表面的な聞き取り対応のみで「問題なし」と判断し，違反行為の是正や社内展開等を行わなかった結果，外部からの指摘を受けて初めて不祥事が露見し，企業価値を大きく毀損することも起こりうる。

➢　原則1から原則3の取組みは，早期発見・迅速な対応に資する

このために，原則1（実を伴った実態把握），原則2（使命感に裏付けられた職責の全う），原則3（双方向のコミュニケーション）といった取組みを通じ，コンプライアンス違反を早期に把握したうえ，迅速に対処することが必要である。

また，同様の違反や類似の構図が他部署や他部門，他のグループ会社にも存在していないかの横展開を行い，共通の原因を解明し，それに即した業務改善を行うことが必要である。

こうした一連のサイクルが，企業文化として自律的・継続的に機能することで，コンプライアンス違反が，重大な不祥事に発展することを未然防止することとなる。さらに，これらの取組みは，コンプライアンス違反の「発生自体を抑止」する効果も持ちうる。

➢　経営陣の姿勢の重要性

また，経営陣がこうした活動に取り組む姿勢や実績を継続的に示すことで，全社的にコンプライアンス意識を涵養できる。経営陣としては，このような改善サイクルの実践が積極的に評価されるような仕組みを構築することも有益である。

➢　形骸化・機械的な対応には注意

ただし，趣旨・目的を明確にしないコンプライアンス活動や形式のみに偏ったルールの押しつけは，活動の形骸化や現場の「コンプラ疲れ」を招くおそれがある。

このため，事案の程度・内容に即してメリハリをつけ，要所を押さえた対応を継続して行うことが重要である。過去の不祥事をふまえて再発防止策を講じたものの，的を射ない機械的な対応に終始したことで，現場において「押しつけられた無駄な作業」と受け止められることもある。この結果，当該作業が次第に形骸化し，各現場の自律的な取組みとして定着せず，同種不祥事が再発することもよく発生する事態であるから，留意が必要である。

＊　＊　＊

このように，原則 4 では，コンプライアンス違反を早期に把握し，迅速に対処すること，仮に把握された場合には，横展開を行い，共通の原因を解明し，それに即した業務改善を行うこと，さらには，こうした一連のサイクルが形骸化し，機械的な対応に陥ることなく，企業文化として自律的・継続的に機能させることの重要性が説かれている。

特に，内部監査は，コンプライアンス違反を早期に把握するという，重要な機能を担っていることを忘れてはならない。

⑤　原則5：グループ全体を貫く経営管理

今日では，上場会社においては，子会社・関連会社等を含めたグループ経営が当然のこととなっている。

このような状況をふまえ，原則5では，グループ全体で不正・不祥事を防ぐための経営管理を行うことの重要性が挙げられている。

内部監査においても，グループ全体において，各グループ会社のリスクを評価し，そのリスクに適切に対応していくことが重要である。

【原則5　グループ全体を貫く経営管理】

> グループ全体に行きわたる実効的な経営管理を行う。管理体制の構築に当たっては，自社グループの構造や特性に即して，各グループ会社の経営上の重要性や抱えるリスクの高低等を踏まえることが重要である。
>
> 特に海外子会社や買収子会社にはその特性に応じた実効性ある経営管理が求められる。

➢　グループ会社の不祥事も企業価値に甚大な影響

不祥事は，グループ会社で発生したものも含め，企業価値に甚大な影響を及ぼすこととなる。多数のグループ会社を擁して事業展開している上場会社においては，子会社・孫会社等をカバーするレポーティング・ラインが確実に機能し，監査機能が発揮される体制を，適切に構築することが重要である。

グループ会社に経営や業務運営における一定程度の独立性を許容する場合でも，コンプライアンスの方針についてはグループ全体で一貫させることが重要である。

➢　海外子会社や企業買収にあたっての留意点

海外子会社の経営管理にあたっては，たとえば海外子会社・海外拠点に関し，地理的距離による監査頻度の低下，言語・文化・会計基準・法制度等の違いなどの要因による経営管理の希薄化などに留意が必要である。

たとえば，海外子会社との情報共有の基準・体制が不明確で，子会社において発生した問題が子会社内で処理され，国内本社に報告されないことなどは，よく発生する事態である。

また，企業買収にあたっては，必要かつ十分な情報収集のうえ，事前に必要な管理体制を十分に検討しておくべきである。また，それに対処する管理体制を買収後に速やかに構築・運用することが必要である。

＊　＊　＊

周知のとおり，対外的に公表される不正・不祥事は，親会社本体のみならず，グループ会社で発生したものも数多い。このような状況をふまえ，原則5においては，グループ全体に行きわたる実効的な経営管理を行うための留意点が述べられている。

内部監査においても，グループ全体において，各グループ会社のリスクを適切に把握するよう努めなければならない。

⑥　原則6：サプライチェーンを展望した責任感

不正・不祥事の防止は，自社およびそのグループ会社だけを意識していればよいということではない。たとえば，外部委託先に付与したセキュリティ権限を適切に管理しなかった結果，委託先従業員による情報漏えいを招き，委託元企業の信頼性を毀損したといった事例もある。

このような状況をふまえ，原則6では，自社のみならずサプライチェーンをふまえた責任ある対応が必要であることが説かれている。

【原則6：サプライチェーンを展望した責任感】

業務委託先や仕入先・販売先などで問題が発生した場合においても，サプライチェーンにおける当事者としての役割を意識し，それに見合った責務を果たすよう努める。

➢　サプライチェーン全体を意識した役割の認識

今日の産業界では，製品・サービスの提供過程において，委託・受託，元請・下請，アウトソーシングなどが一般化している。このような現実をふまえ，最終顧客までのサプライチェーン全体において自社が担っている役割を十分に認識しておくことは，極めて有意義である。

自社の業務委託先等において問題が発生したことにより，社会的信用の毀損や責任追及が自社にも及ぶ事例も，しばしば発生している。

サプライチェーンにおける当事者としての自社の役割を意識し，それに見合った責務を誠実に果たすことで，不祥事の深刻化や責任関係の錯綜による企業価値の毀損を軽減することが期待できる。

➤　受託者の業務状況のモニタリング

業務の委託者が受託者を監督する責任を負うことを認識し，必要に応じて，受託者の業務状況を適切にモニタリングすることは重要である。契約上の責任範囲のみにとらわれず，平時からサプライチェーンの全体像と自社の位置・役割を意識しておくことは，有事における顧客をはじめとするステークホルダーへの的確な説明責任を履行する際などに，迅速かつ適切な対応を可能とさせる。

＊　＊　＊

以上のように，自社の企業価値の毀損を防ぐためには，サプライチェーンを意識した責任ある対応が必要となる。

内部監査においても，サプライチェーンが自社の企業価値に与える影響に留意し，場合によっては，その状況をモニタリングすることも必要であろう。

⑦　まとめ

前述のとおり，不祥事予防のプリンシプルは，上場企業において，法令上必ず従わなければならないというルールではない。

とはいえ，不祥事予防のプリンシプルは，上場企業として意識しなければならない原則１から４のほか，グループ経営やサプライチェーンを意識した原則５，６など，不正・不祥事を防止し，企業価値を毀損しないために必要な視点が挙げられている。

内部監査においても，不祥事を予防するという観点から，これら６原則を念頭に置きながら，不正・不祥事を防止する実効的な監査を検討し，それを着実に実行に移していくことが求められている。

第3章

コンプライアンス違反の具体的事例②～個人情報漏えい～

第1　基礎知識

1　不正アクセスによる個人情報漏えい事件の増加

近年，個人情報漏えいのニュース，そのなかでもウイルス感染・サイバー攻撃による不正アクセスの事件が，数多く報道されている。

組織が引き起こす個人情報の漏えいは，その社会的信用を毀損し，非常に大きなダメージを与えることとなる。このため，情報漏えい対策は，組織として緊急かつ的確に対応すべき課題である。特に，個人情報を大量に取り扱う組織にとっては，非常に大きなリスク要因になっている。

特定非営利活動法人日本ネットワークセキュリティ協会（JNSA）が発表した「2018年情報セキュリティインシデントに関する調査結果～個人情報漏えい編～（速報版）」(以下「JNSA 報告書」という）によれば，2018年において，インターネットニュースなどで報道された，個人情報漏えいインシデントの集計結果の概要は，次のとおりである。

【2018年　個人情報漏えいインシデント　概要データ（速報）】

漏えい人数	561万3,797人
インシデント件数	443件
想定損害賠償総額	2,684億5,743万円
1件当たりの漏えい人数	1万3,334人
1件当たり平均想定損害賠償額	6億3,767万円
1人当たり平均想定損害賠償額	2万9,768円

個人情報漏えいのインシデント件数としては，2012年の2,357件がピークとなっている。漏えい人数としては，2014年に，ベネッセコーポレーションの個

人情報流出事件の影響により5,000万人に達しているが，その後は，各社の個人情報漏えい対策もあり，インシデント件数，漏えい人数とも，小康状態を維持している。

とはいえ，2018年においても，インシデント件数443件，漏えい人数561万人，１件当たりの漏えい人数は１万人を超えており，やはり非常に大きなリスクとなっているといっていいだろう。

2　個人情報漏えいの分類

個人情報漏えいとは，個人情報が，「個人情報を保有する者」および「個人情報に該当する者」の意に反して，第三者による故意または過失によって，第三者に渡ること，をいう。

ところで，個人情報漏えい事件は，なぜ発生してしまうのであろうか。

この点，JNSA 報告書によると，情報漏えいの主な原因は，次のとおりとされている。

【JNSA 報告書　漏えい原因：2018年単年データ（件数）】

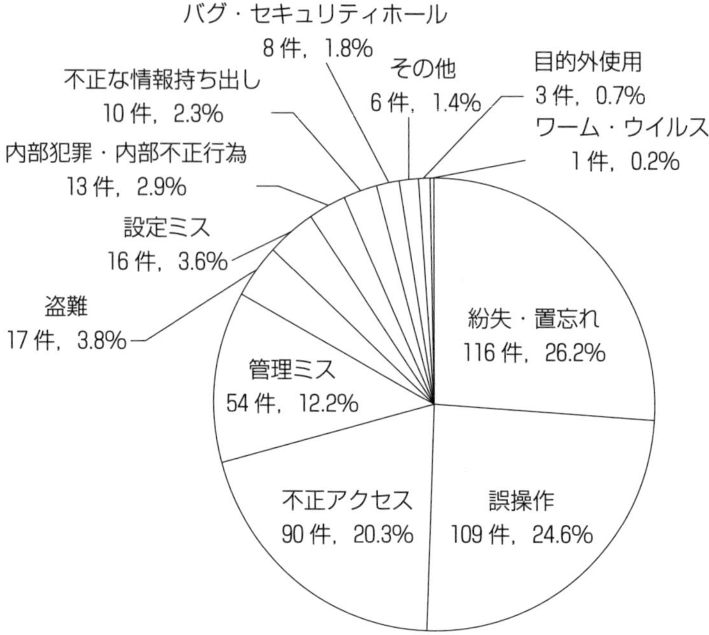

✓　個人情報の漏えいの原因の分類

ここに示された原因を分類すると，大きく以下の3つのタイプに分けられる。

【個人情報の漏えいのタイプ】

①　従業員によるうっかりミス
　→「紛失・置忘れ」「誤操作」

②　外部からの不正アクセス
　→「不正アクセス」

③　悪意のある内部関係者による犯行
　→「内部犯罪・内部不正行為」「不正な情報持ち出し」

①　従業員によるうっかりミス

まず，個人情報の原因の1つは，「従業員によるうっかりミス」によるものである。

JNSA報告書によると，企業の個人情報漏えいの原因のトップは「紛失・置忘れ」（116件：26.2％），次に多かったのが「誤操作」（109件：24.6％）である。このような人為的なミス・過失によるものが，情報漏えい原因の50.8％を占めている。

すなわち，個人情報漏えいの原因のほぼ半数は，従業員による紛失や誤操作などのヒューマンエラーである。各企業には，サイバー犯罪など第三者による攻撃への対策の前段階として，まず，このような人為的なミスを防ぐ手立てを講じる必要がある。

②　外部からの不正アクセス

誤操作などの「従業員のうっかりミス」の次に多かったのは,「不正アクセス」（90件：20.3％）である。

2014年の調査では，この不正アクセスが，2.4％にすぎなかったところ，近年では，この割合が急激に増加している。

直近では，①2019年に発生した，ファイル転送サービス「宅ふぁいる便」を運営するオージス総研（大阪ガス子会社）において，不正アクセスによって481万5,399件の顧客情報が漏えいしたとされる事件，②2020年に発生した，ソフトバンクグループのPayPayにおいて，不正アクセスによって2,007万件の加盟店情報や従業員の個人情報の漏えいの可能性があるとされる事件，などが記憶に新しい。

典型的なパターンとしては，従業員が外部から送られてきたメールを開き，マルウェアが埋め込まれた添付ファイルを開くことで感染するケースである。

マルウェアは，社内のサーバに不正侵入して個人情報などの重要なデータを盗むことを目的とするなど，コンピュータの正常な利用を妨げるために開発されたソフトウェアである。

周知のとおり，不正アクセスの手口は多様化・巧妙化しており，マルウェア以外にも，セキュリティの脆弱性を突いて，社内のサーバに侵入されるケースも増えている。

最近では，最先端のAI技術を活用したサイバー攻撃も登場しているといわれている。

③　悪意のある内部関係者による犯行

従業員によるミスや外部からの不正アクセスと比較すると割合は少ないものの，悪意のある内部関係者が，社内の個人情報を漏えいするケースもある。

JNSA報告書によると，「内部犯罪・内部不正行為」は2.9％（13件），「不正な情報持ち出し」は2.3％（10件）であり，合計すると5％を超えている。

内部関係者には，社員だけではなく，派遣社員や契約社員，関連会社や下請会社の従業員，退職者も含まれる。

3　法的規制

個人情報漏えいに関連する法的規制，発生する法的リスクとしては，次のようなものが挙げられる。

(1)　法的規制―個人情報保護法

個人情報保護法とは，正式には「個人情報の保護に関する法律」という。これは，個人情報の不正利用や不適切な取扱いを防止する法律であって，2003年5月に成立，2005年4月に全面施行された。

個人情報保護法では，個人の氏名，旅券（パスポート）番号やマイナンバー等の公的番号，顔が判別できる画像・映像，生体認証データなど個人を識別することができる情報を「個人情報」（法2条1項），個人情報を含む情報の集合物であって，特定の個人情報を検索できるように体系的に構成したものを「個人情報データベース」（法2条4項）と定義している。

そして,「個人情報データベースなどを事業の用に供している者」を,「個人情報取扱事業者」(法2条5項)と定義している。

①　個人情報取扱事業者の主な義務

個人情報保護法に規定されている,個人情報取扱事業者の主な義務は,次のとおりである。

【個人情報取扱事業者の主な義務】

安全管理措置義務 (法20条)	利用目的の達成に必要な範囲内において,個人データの漏えい,滅失または毀損の防止その他の個人データの安全管理のために必要かつ適切な措置を講じる義務
従業者に対する監督義務 (法21条)	従業者に個人データを取り扱わせるにあたり,当該個人データの安全管理が図られるよう,当該従業者に対し必要かつ適切な監督を行う義務
委託先に対する監督義務 (法22条)	個人データの取扱いの全部または一部を外部に委託する場合に,当該個人データの安全管理が図られるよう,受託者に対し必要かつ適切な監督を行う義務

上記義務を果たすうえで具体的に講じなければならない措置や,それを実践するための手法の例等については,「個人情報の保護に関する法律についてのガイドライン」(通則編)(以下「ガイドライン」という)に定められている。

安全管理措置義務の具体的な内容は,次のとおりである。

【ガイドラインが定める安全管理措置義務の内容】

①　基本方針の策定
②　個人データの取扱いに係る規律の整備
③　組織的安全管理措置
- 組織体制の整備
- 個人データの取扱いに係る規律に従った運用

- 個人データの取扱状況を確認するための手段の整備
- 漏えい等の事案に対応する体制の整備
- 取扱状況の把握および安全管理措置の見直し

④ 人的安全管理措置
- 従業者の教育

⑤ 物理的安全管理措置
- 個人データを取り扱う区域の管理
- 機器および電子媒体等の盗難等の防止
- 電子媒体等を持ち運ぶ場合の漏えい等の防止
- 個人データの削除および機器，電子媒体等の廃棄

⑥ 技術的安全管理措置
- アクセス制御
- アクセス者の識別と認証
- 外部からの不正アクセス等の防止
- 情報システムの使用に伴う漏えい等の防止

以上のとおり，個人情報取扱事業者は，基本方針や取扱いに関する規律を整備したうえで，組織体制，人員，物理的，技術的側面において，安全管理に関する措置を取らなければならない。

② 2020年個人情報保護法の改正

2020年に個人情報保護法が改正され，2022年4月からは，不正アクセスによる情報漏えいが発生した場合，漏えい件数にかかわらず，被害者本人への通知，ならびに個人情報保護委員会への報告が義務づけられることになった（令和2年改正法22条の2（26条））。

また，この改正に合わせガイドラインも改正された。この改正されたガイドラインにおいては，「3－5 個人データの漏えい等の報告等（法第26条関係）」，「3－5－2 漏えい等事案が発覚した場合に講ずべき措置」との項目が設けられた。

ここでは，個人情報取扱事業者は，漏えい等またはそのおそれのある事案（以下「漏えい等事案」という）が発覚した場合は，漏えい等事案の内容等に応じて，次に掲げる事項について必要な措置を講じなければならないと定められている。

【改正ガイドラインにおける漏えい等事案が発覚した場合に必要な措置】

①　事業者内部における報告および被害の拡大防止

責任ある立場の者にただちに報告するとともに，漏えい等事案による被害が発覚時よりも拡大しないよう必要な措置を講ずる。

②　事実関係の調査および原因の究明

漏えい等事案の事実関係の調査および原因の究明に必要な措置を講ずる。

③　影響範囲の特定

上記②で把握した事実関係による影響範囲の特定のために必要な措置を講ずる。

④　再発防止策の検討および実施

上記②の結果をふまえ，漏えい等事案の再発防止策の検討および実施に必要な措置を講ずる。

⑤　個人情報保護委員会への報告および本人への通知

３－５－３（個人情報保護委員会への報告），３－５－４（本人への通知）を参照のうえ，個人情報保護委員会への報告および本人への通知を行う。なお，漏えい等事案の内容等に応じて，二次被害の防止，類似事案の発生防止等の観点から，事実関係および再発防止策等について，速やかに公表することが望ましい。

個人情報漏えいを発生させた個人情報取扱事業者は，このガイドラインに従って，措置を講じることが必要となる。

③　個人情報取扱事業者の義務違反

以上のような個人情報取扱事業者に課せられた義務について，違反が認められる場合，当該企業は個人情報保護委員会による報告徴収，立入検査，指導，助言，勧告，命令（法40条～42条）を受ける可能性がある。

また，これに対して，仮に報告を改ざんし，虚偽の報告をし，または，命令違反をした場合には，罰則が科される（法83条，85条）。さらに，両罰規定により，行為者のみならず，法人にも罰金刑が科されることとなる（法87条）。

【法的規制のポイント】

個人情報保護法 　　個人情報取扱事業者の義務（安全管理措置義務等） →（改正）個人情報保護法：漏えい等事案が発生した場合の必要な措置の義務化

⑵　発生するリスク

①　法的リスク

まず，個人情報漏えいが発生した場合，上述のように，個人情報保護委員会による報告徴収，立入検査，指導，助言，勧告，命令を受ける行政上の責任が生じ，改善命令等に違反した場合に刑罰が科される刑事責任を負う可能性がある。

さらに，民事責任として，個人情報漏えいによる実被害を受けた被害者から，集団訴訟などで損害賠償を請求される可能性がある。損害賠償の額は，過去の裁判例では，被害者１人当たり３千円～１万円程度である。ただし，被害者１人当たりの金額は少額だったとしても，発生した件数によっては，トータルでは莫大な賠償金の支払が必要となる可能性があることには留意が必要である。

JNSA 報告書によると，個人情報の漏えい事件の１件当たりの平均想定損害賠償額は６億3,767万円にも上るとされている。たとえば，2014年に発生した，ベネッセコーポレーションの個人情報流出事件では，3,504万人の個人情報が漏えいし，お詫び状送付費用，問い合わせ対応費用など，計260億円の特別損失が計上され，同時に役員２名の辞任も公表されている。

②　企業の社会的信頼が失われるリスク

上述のような法令等の違反のほかに，多数の顧客の個人情報を漏えいした企業は，「情報漏えい事故を起こした会社」として，社会的信用が大きく低下するという，レピュテーションの問題も重大である。

このような信用毀損により，重要顧客の取引停止，株価下落，営業機会の損失などの損害が発生する可能性がある。最悪の場合，サービス自体が社会から信用を失い，当該サービスの停止にまで追い込まれてしまう。

たとえば，2019年に発生した，ファイル転送サービス「宅ふぁいる便」運営会社における顧客情報漏えい事件では，事件発生以降，復旧を検討してきたものの，システム再構築の見通しが立たず，サービス終了を発表した。

また，同年には，セブン&アイホールディングスのキャッシュレスサービス「7pay（セブンペイ）」の不正アクセス被害が社会問題化し，サービス廃止に追い込まれる事態が発生したことも記憶に新しいだろう。

■より深く学ぶために

＜個人情報保護法の概要＞

- 個人情報保護委員会　　https://www.ppc.go.jp/index.html

個人情報保護法のガイドライン，改正法の解説，漏えい等の対応等の最新の情報が網羅されている。特に，ヒヤリハット事例：https://www.ppc.go.jp/personalinfo/hiyarihatto/ は，自社の体制の整備・運用状況を確認するうえで参考になる。

＜サイバーセキュリティ＞

- インターネットの安全・安心ハンドブック（内閣サイバーセキュリティセンター）

https://www.nisc.go.jp/security-site/files/handbook-all.pdf

サイバー攻撃に関する基本的事項から，最新の攻撃の手口，トラブル対応方法や情報セキュリティ関連サイトがまとめられている。

第2　具体的な事案～日本年金機構のケース

1　事案の概要

本件は，2015年5月8日から20日にかけて，年金事業を行っていた日本年金機構（以下「機構」という）の内部事務処理用ネットワークシステムに対して，ウィルスメールによる不正アクセスが行われた事案である。この結果，共有ファイルサーバに保存されていた「基礎年金番号」「氏名」「生年月日」「住所」といった，個人情報約125万件が流出した。

これらの事態を受け，機構は，2015年8月20日に，日本年金機構「不正アクセスによる情報流出事案に関する調査結果報告」（以下「調査結果報告書」という）を公表した。さらに，厚生労働大臣が，厚生労働省および機構から独立した第三者からなる検証委員会を立ち上げ，同検証委員会が，2015年8月21日に，「検証報告書」を公表した。

また，機構は，2015年9月25日の厚生労働大臣からの業務改善命令に基づき，同年12月9日付に，「業務改善計画」（以下「業務改善計画」という）を公表している。

2　機構のネットワークシステムおよび本件サイバー攻撃の概要

⑴　機構のネットワークシステムの概要

検証報告書によれば，本件発生当時の機構のネットワークシステムの相互の関係等は，次のとおりである。

【ネットワークシステムの相互の関係図】

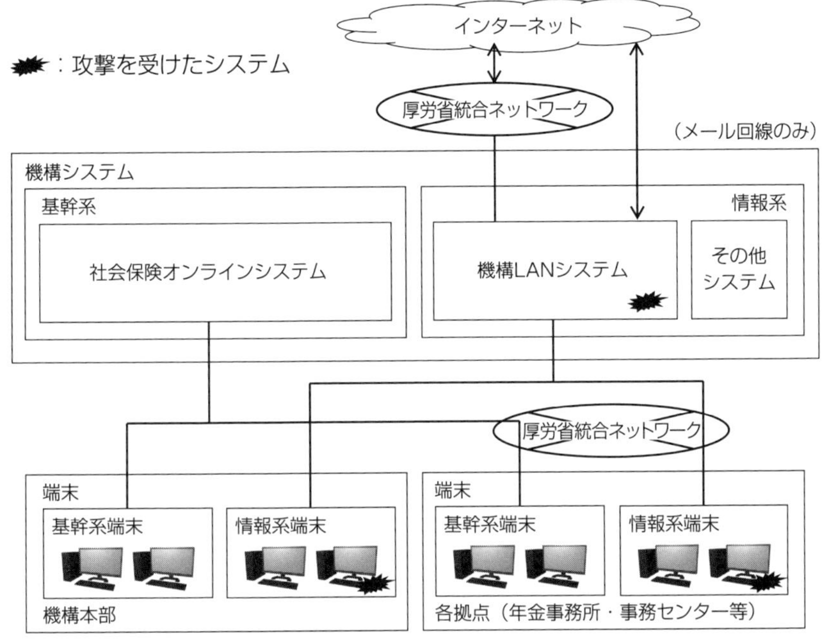

（出所）　検証報告書

✓　**機構が運用するネットワークシステム**

このように，機構が運用を行っていたネットワークシステムには，大きく分けて，次の2つがある。

① 基礎年金番号の管理，保険料の計算，年金の支払等，政府管掌年金事業（国民年金事業・厚生年金保険事業）の根幹に関わる業務に関するサービスを提供する「社会保険オンラインシステム」（「基幹系システム」とも呼ばれる）
② それ以外のサービスを提供するシステム（「情報系システム」とも呼ばれる）

①基幹系システムは，政府管掌年金事業を所掌する厚生労働省が所有し，機構にその運用を委託している。これに対し，②情報系システムは，機構が自ら

所有し，運用を行っている。

②情報系システムの中心をなしているのが，機構の役職員が日常業務で用いるイントラネットである「機構LANシステム」である。同システムは，インターネット接続や電子メールのほか，ファイルサーバによるファイル共有サービスも提供している。機構においては，このファイル共有のための領域は「共有フォルダ」と呼ばれ，ファイルを共有するユーザの範囲によって，複数の階層に分かれている。

また，②情報系システムは，「厚労省統合ネットワーク」を経由して，インターネットに接続されている。ただし，情報系システムのうちメール回線は，厚労省統合ネットワークを経由せずに，別の回線を通じて，直接インターネットに接続していた。

さらに，①基幹系システム，②情報系システムのサーバ等と，遠隔地の拠点に設置された端末との間も，「厚労省統合ネットワーク」を経由して，相互接続されている。①基幹系システムと②情報系システムは，ネットワーク上で物理的に接続されているものの，ネットワーク機器等によって，論理的に分離された状態にある。また，①基幹系システムと②情報系システムとは，それぞれ別個の端末があり，機構の役職員は，機構本部および年金事務所・事務センター等の各拠点に設置された両端末を使い分けて，各自の業務を遂行していた。

(2)　本件サイバー攻撃の概要

本件では，上記のうち，②情報系システムの中心をなしている機構LANシステムが攻撃を受け，その結果，共有フォルダに保存されていた大量の個人情報等が，外部に流出するという被害が生じた。

本件標的型攻撃の概要を，時系列で整理すると，以下のとおりであった。

【本件標的型攻撃の概要】

① 第1段階

2016年5月8日午前，機構の2つの公開メールアドレスに対し，同一の送信元アドレスから，標的型メールが送信された。受信した機構職員のうち1名がこれを開封し，メール本文に記載されたリンクをクリックしたことを契機に，当該職員の使用端末がマルウェアに感染し，外部との不審な通信が開始された。

機構のシステム部門は，この不審な通信を検知したNISC（内閣サイバーセキュリティセンター）の指摘により当該通信を認知し，ただちに発信元端末を特定し，同日午後，当該端末からLANケーブルを抜線した。

抜線により不審な通信は停止したが，当該端末では，それまでの約4時間にわたり，不審な通信が継続した。

② 第2段階

2016年5月18日午前から19日午後にかけて，波状的に，機構職員計121名の個人メールアドレスに対して，標的型メールが送信された。これら標的型メールを受信した機構職員のうち，3名がメールを開封し，添付ファイルを開いたことで，当該職員の使用端末がマルウェアに感染した。

このマルウェアも，外部との不審な通信を試みたが，それ以上の被害は生じなかったものとみられる。これは，通信先C&Cサーバ（あらかじめ乗っ取ったコンピュータに対し，サイバー攻撃等に関する命令を送信してこれを制御する，乗っ取ったコンピュータから得た情報を受信する等の役割を果たしている外部のサーバ）への通信が，5月8日の時点で厚労省統合ネットワークにおいてブロックされていたため，通信は成功しなかったためとみられる。

③ 第3段階

2016年5月20日，機構の5つの公開メールアドレスに対し，新たな送信元アドレスから，標的型メールが送信された。これら標的型メールを受信した機構職員のうち，1名がメールを開封し，添付ファイルを開いたことで，当該職員の使用端末がマルウェアに感染した。

このマルウェアは，C&Cサーバとの通信の確立に成功し，さらに他の26端末にも感染を拡大させた。こうした攻撃の過程で，感染端末やディレクトリサーバの管理者権限が窃取された。そして，これらの攻撃の結果得られた情報を利用するなどして，共有フォルダに保管されていた大量の受給者等の個人情報等が窃取され，外部に流出した。

＊　＊　＊

これらの一連の攻撃によって，外部流出が確認されている被保険者・受給者の個人情報は，約125万件に及んでいる。

✓　受信した不審メール

なお，調査報告書によれば，受信した不審メールは次のようなものであったとされている。

【受信した不審メールの例】

（例１）
差出人：■■■■@yahoo.co.jp
件　名：「厚生年金基金制度の見直しについて（試案）に関する意見」
記載されているURL：■■■■

○○　○○ 様
５月１日に開催された厚労省「厚生年金基金制度に関する専門委員会」最終回では，厚生年金基金制度廃止の方向性を是とする内容が提出されました。
これを受けて，企年協では「厚生年金基金制度の見直しについて（試案）に関する意見」を，５月５日に厚労省年金局企業年金国民年金基金の渡辺課長に提出いたしました。
添付ファイルをご覧ください。
＊＊

（例2）
差出人：■■■■■■■■@excite.co.jp
件　名：【医療費通知】
添付ファイル：医療費通知のお知らせ.lzh

> 本メールは，保険を利用して診察や診療を受けられた方に，医療費のご負担額等をお知らせしています。
> Windows-PCで開けてください。

（出所）　調査結果報告書別添資料3－3

このように，本件では，複数回に分けて，異なる標的型メールが送信され，受領した職員の一部が，当該メール本文に記載されたリンクをクリックする，もしくはメールの添付ファイルを開いたことにより，約125万件もの個人情報が流出することになったのである。

第3　内部統制上の問題点

1　本件の発生原因

では，本件個人情報漏えいについて，機構の内部統制上，どのような問題点があったのであろうか。

検証報告書によると，本件の根本的原因は，次のとおりとされている。

すなわち，本件情報流出をもたらせた標的型攻撃は，被害者である機構が攻撃を認識し一応の防御をしているにもかかわらず，次々と手口を変えて攻撃を継続する，極めて執拗かつ組織的なものであった。

これに対し，こうした標的型攻撃を含むサイバー攻撃への対応は，機構および厚生労働省のいずれにおいても，十分とはいい難いものであった。このように，執拗かつ組織的な攻撃に対して，十分に対応できる体制が整備されていなかったことが，個人情報の大量流出という深刻な事態につながったといわざるを得ない。

このような事態となったのは，

✓　**情報漏えいに関する危機意識の問題**

機構，厚生労働省ともに，標的型攻撃の危険性に対する認識が不足しており，事前の人的体制と技術的な対応が不十分であったこと

✓　**情報共有体制の問題**

現場と幹部の間や，たとえば，機構と厚生労働省，同一組織間の各部署，機構と運用委託会社などといった関連する組織間における情報や危機感の共有がなく，組織が一体として危機にあたる体制にならなかったこと

✓　**発生した事象に対する認識の問題**

その結果，組織内の専門知識を持つ者を動員することができず，担当者が，幹部の明確な指揮を受けることもできないままに，場当たり的な対応に終始し，迅速かつ的確な対処ができなかったこと

などに原因があったものと考えられる。

この点は，具体的には，たとえば以下のような場面に表れている。

まず，緊急事態に迅速に対応すべきCSIRT（セキュリティインシデントに対応するための組織）が，機構において組織されておらず，攻撃に対する何らの備えもなく，5月8日の第1段階の攻撃を迎えることとなった。

このため，機構としては外部から攻撃を受けたにもかかわらず，平時対応から有事対応への切り替えが遅れることとなった。すなわち，情報セキュリティの専門知識を有する職員を動員できず，また外部の専門家にも協力を得ないまま，担当者等が，判明した個々の感染端末の特定と抜線に終始し，対応が後手に回ることとなった。

また，5月18日から19日にかけての第2段階の攻撃により，標的型メールの一斉発信が行われ，職員のうち誰かがメールの添付ファイルを開封し，端末の感染が続発することが想定される事態になった。それにもかかわらず，このような事態に関する情報の共有に欠け，組織が一体として，危機に対処することができなかった。このため，機構内部はもとより，運用委託会社，厚生労働省からも，インターネット接続の全面遮断という決断ができないまま，結果的に，情報流出に至ったのである。

このように，①相当量の個人情報を保有しているにもかかわらず，情報漏えいに関して危機意識がなかったこと，②攻撃型メールの受信および端末の感染といった重大事象が発生し，有事として対応するべきであったにもかかわらず，その情報共有が適切になされなかったこと，③さらに継続的に攻撃がなされ，さらなる端末の感染が想定されるにもかかわらず，最悪の事態を想定した決断がなされなかったことが，このような大きな被害を招くこととなったのである。

【本件の発生原因のポイント】

①	情報漏えいに関する危機意識の問題	→	標的型攻撃の危険性に対する認識不足

②	情報共有体制の問題	→	組織が一体として危機にあたる体制にならなかった
③	発生した事象に対する認識の問題	→	場当たり的な対応に終始

2　改善のポイント

では，機構としては，その管理体制をどのように改善すべきであろうか。

そもそも，機構は，2003年に成立した「独立行政法人等の保有する個人情報の保護に関する法律」7条において，保有個人情報の漏えい，滅失または毀損の防止その他の保有個人情報の適切な管理のために必要な措置を講じることが義務づけられている。また，同条の「個人情報の適切な管理のための措置」については，2004年に「独立行政法人等の保有する個人情報の適切な管理のための措置に関する指針について（通知）」といったガイドラインも定められている。

ところが，機構は，本事案のような外部からのサイバー攻撃による情報流出の可能性について，業務運営上のリスクとして，「漠然」とは認識していたものの，事務処理誤りや内部者による情報流出等のリスクへの対応を優先し，サイバー攻撃による情報流出の可能性に対しては危機意識が乏しく，有効な準備を行っていなかった。

とりわけ，標的型攻撃に適切に対応するためには，まず平時の対応として，①しかるべき責任者による指揮のもと，組織内外の専門的知見を随時活用して組織を挙げた対応を行うことができる人的体制を整備するとともに，有事を想定し，②具体的な対応に関する手順書等のマニュアルを整備しておくことが不可欠である。しかし，機構においては，そのいずれにおいても対応が不十分であった。

したがって，管理体制上の改善の最大のポイントとしては，標的型攻撃を含むサイバー攻撃がありうるとの現実的な危機感を持ち，この種の攻撃があった場合に具体的にどう対応するかの手順を定め，有事に備える体制を整えることが重要である。

検証報告書においても，機構以外の官民を含めたすべての組織に対し，次のような警鐘を鳴らしている。

> 現在のIT時代において，標的型攻撃を含むサイバー攻撃があるからといって今さら紙媒体の時代に戻ることはありえず，この種攻撃を防御するために攻撃者の偵察・侵入・情報収集・情報窃取など各段階において，体制的かつ技術的な多層防御によりこれに備える必要がある。
>
> 標的型攻撃を含むサイバー攻撃は，このところ極めて組織的かつ巧妙化している。今回の事例は，単に機構だけの特殊な問題として捉えるのではなく，官民を問わず全ての組織が，この種の攻撃に対しあらかじめどのような備えができているか，攻撃があった場合に具体的にどう対応するかを真剣に考える契機として生かすことができれば幸いである。

このように，標的型攻撃を含むサイバー攻撃は，すべての組織で起こりうることを認識し，上記したガイドラインが定める安全管理措置義務の指針をふまえ，平時の体制整備とともに，有事対応を想定したマニュアルの整備等を行っておくことが肝要である。

【内部統制上の改善ポイント】

＜平時＞

- 個人情報の適切な管理のための措置
- サイバー攻撃がありうるとの現実的な危機感の醸成

＜有事＞

- サイバー攻撃に対し，具体的な対応手順を定める

第4　内部監査に関する問題点

1　内部監査の状況

調査報告書によれば，これまで業務監査に関しては，個人情報の流出防止という観点から，通常の事務処理がルールどおりに行われていたかということに重点を置いており，特に情報セキュリティに関するリスクに重点を置いて監査は行っていなかったとされている。

2　改善のポイント

検証報告書においては，内部監査機能が不十分であるため，独立した専門家による情報セキュリティ監査，いわゆる外部監査の実施を提言している。

たしかに，組織的かつ巧妙化しているサイバー攻撃に対して，「適切な」措置を行うためには，当該時点での技術水準に照らして情報セキュリティに関する知識・経験とともに，マネジメントにおけるコントロールが必要である。とはいえ，このような水準の情報セキュリティに対するチェック体制を，会社内部の監査部門において十分に備えることは，おそらく現実的ではないだろう。

そこで，情報セキュリティに関するリスクに関しては，上記提言のとおり，内部監査部門と外部監査機関が連携して，監査を実施するのが望ましいものと考えられる。

この点，業務改善計画においては，監査体制として，次のとおり，独立した外部の専門家による情報システムのリスク評価・分析および脆弱性診断等を受けるとともに，内部監査部門に情報セキュリティに精通した専門チームを設置し，随時に無予告の監査を行うなどのサイバー攻撃を想定しての訓練を行うものとされている。

【業務改善計画における監査体制に関する記載】

③　監査体制の整備

a）内部監査の強化

○本部監査部に情報セキュリティに精通した専門チームを設置するとともに，随時に無予告の監査を行うこと等により，情報セキュリティ対策の実施状況等に係る内部監査を強化

b）独立した外部の専門家による情報セキュリティ監査の実施

○独立した外部の専門家による情報システムのリスク評価・分析及び脆弱性診断等により，情報セキュリティの問題点を把握するとともに，これに対して適切に対処しているか定期的，継続的に情報セキュリティ監査を実施

なお，情報セキュリティに関する外部監査機関ないしサイバー攻撃を想定した訓練の方法として，金融庁では，金融業界全体のサイバーセキュリティの底上げを図ることを目的に，2016年度より毎年，「金融業界横断的なサイバーセキュリティ演習（Delta Wall）」を実施している。この取組みには，2021年度は約150社の金融機関が参加し，インシデント発生時における金融機関内外の情報連携に係る対応体制や手順の確認を目的とした演習を行っている。

この演習は，民間の専門家の知見や攻撃の実例分析等を参考にしつつ，金融機関が陥りやすい弱点が浮き彫りとなり，参加者が「気づき」を得ることができる内容であるとされている。この点，基礎知識で取り上げたJNSA報告書（46ページ参照）によると，2016年以降，金融・保険業の漏えい件数は減少傾向とされているところ，これは，このような演習による金融業界全体のサイバーセキュリティの底上げの効果が，少なからず影響しているものと思われる。このような公的機関等の主催するサイバーセキュリティ演習に参加し，自社のサイバーセキュリティの脆弱な点を確認する方法として，非常に効果的な方法と考えられる。

なお，金融機関以外にも，NISC（内閣サイバーセキュリティセンター）が中心となり，国家的施策として，サイバーセキュリティの普及啓発や人材育成に関する活動が行われている。たとえば，金融機関以外も対象とする演習とし

て，国立研究開発法人情報通信研究機構（NICT）の「実践的サイバー防御演習「CYDER」」や独立行政法人情報処理推進機構（IPA）の業界別サイバーレジリエンス強化演習（CyberREX）等がある。

情報セキュリティに関する技術は高度化しており，社内だけで十分に対応できるものではない。適宜専門家を交えて，リスクを洗い出し，適時適切に対応する体制を整備することが必要である。近時はランサムウェアによる被害も多数報告されており，その被害件数や金額も増加する傾向にある。

ただし，会社としてこのような情報セキュリティ体制を専門家任せにしないという姿勢も重要である。情報セキュリティの整備には，多額の支出を伴うため，適切な予算配分が必要である。何よりも，経営者自身が，適切な情報システムの整備やその監査体制の整備が，自社に課された責務であることを十分に認識しなければならない。そのうえで，専門家に任せる部分と自社でまかなう部分とのバランスをいかにとっていくかが問われているといえるだろう。

【内部監査の改善ポイント】

情報セキュリティに対するチェック体制を自前で備えることは困難
→内部監査部門と外部監査機関が連携

【本件から学ぶ個人情報漏えいに関する内部監査のポイント】

①　個人情報漏えいに関する内部統制状況の確認

□　個人情報保護法の個人情報取扱事業者の義務を遵守しているか
→ガイドラインをふまえて次の点の遵守状況の確認
- 安全管理措置義務
- 従業員に対する監督義務
- 委託先に対する監督義務

□　安全管理措置義務の遵守状況の確認
→ガイドライン「10（別添）講ずべき安全管理措置の内容」をふまえて次の点を確認する。
- 基本方針の策定

- 個人データの取扱いに係る規律の整備
- 組織的安全管理措置
  平時の体制整備とともに，有事対応を想定したマニュアルの整備等
- 人的安全管理措置
- 物理的安全管理措置
- 技術的安全管理措置

□　従業員に対する監督義務の遵守状況の確認
- 役員，従業員等に対する教育，研修等の内容および頻度を確認

□　委託先に対する監督義務の遵守状況の確認
- ガイドラインをふまえて次の点の遵守状況の確認
  適切な委託先の選定
  委託契約の締結
  委託先における個人データ取扱状況の把握

②　個人情報漏えいの発生の有無の確認

□　個人情報漏えいが発生していないか
→以下の事実確認を行う
- 取引先，顧客，従業員等会社の保管する個人情報対象者から，身に覚えのない業者からの連絡が来た旨等の会社への問い合わせがないか
- 従業員のUSBや端末の紛失，パソコンの誤操作等の事故に関する総務部等への申告がないか
- システム担当部署による会社ホームページ等への不正アクセス，従業員へのランサムウェアによる攻撃への対応の確認

□　個人情報漏えいが発見された場合は，その事実確認と原因分析（会社の管理体制の穴がないか調査）

★　個人情報漏えいに関する内部監査の手法

情報セキュリティに関するリスクに関しては，内部監査部門が専門的知見を有する外部監査機関と連携して，監査を実施する。

また，金融庁の「金融業界横断的なサイバーセキュリティ演習（Delta Wall）」，国立研究開発法人情報通信研究機構（NICT）の「実践的サイバー防御演習「CYDER」」，独立行政法人情報処理推進機構（IPA）の業界別サイバーレジリエンス強化演習（CyberREX）等を活用する。

【Advance】コーポレートガバナンス・コードの改訂

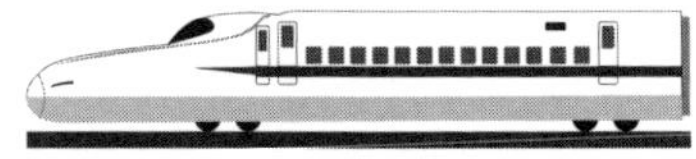

最近の「内部監査」を取り巻く環境の１つの変化として，2021年６月11日に公表された，改訂コーポレートガバナンス・コード（CG コード）を挙げなければならない。この改訂された CG コードにおいては，内部監査について，いくつかの規範が追加で盛り込まれた。

以下では，これら追加された規範のポイントについて整理したい。

なお，この改訂された CG コードを「2021年 CG コード」といい，改訂前の CG コードを「改訂前 CG コード」という。

①　改訂前 CG コードにおける内部監査

内部監査については，改訂前 CG コードにおいても，補充原則３－２②において，適正監査の確保に向けた取締役会および監査役会の対応として，内部監査部門と外部会計監査人との連携が規定されていた。

また，補充原則４－13③において，取締役・監査役の情報入手体制の一部として，上場会社は，内部監査部門と取締役・監査役との連携を確保すべきとされていた。

> 【補充原則３－２②】
> 　取締役会及び監査役会は，少なくとも下記の対応を行うべきである。
> 　……
> 　(iii)　外部会計監査人と監査役（監査役会への出席を含む），内部監査部門や社外取締役との十分な連携の確保
> 【補充原則４－13③】
> 　上場会社は，内部監査部門と取締役・監査役との連携を確保すべきである。
> ……

※下線は筆者。

②　2021年 CG コードの改訂項目の概要

2021年 CG コードにおける内部監査が関係する追加・改訂項目は，以下のとおりである。

ア　補充原則４－３④（内部監査部門を活用した全社的リスク管理体制等の監督）

まず，2021年 CG コードの補充原則４－３④において，取締役会は，グループ全体の内部統制や全社的リスク管理体制の構築や運用状況について，内部監査部門を活用しつつ監督すべきであるとされた。

【補充原則４－３④】（下線部が改訂部分）
内部統制や先を見越した全社的リスク管理体制の整備は，適切なコンプライアンスの確保とリスクテイクの裏付けとなり得るものであり，取締役会はグループ全体を含めたこれらの体制を適切に構築し，内部監査部門を活用しつつ，その運用状況を監督すべきである。

内部統制やリスク管理については，取締役会による適切な体制整備が求められているところ，特にグループ経営をする上場会社においては，グループ会社レベルでの視点に立った取組みが重要である。

グループ全体を含め，適切な内部統制，全社的リスク管理体制を構築し，その運用状況を監督する際は，事業全体に関わるすべてのリスクを内部監査の対象として，内部監査部門を活用するべきである。

イ　補充原則４－13③（内部監査部門からの直接報告制度）

前述のとおり，改訂前 CG コード補充原則４－13③においても，取締役・監査役の情報入手体制として，「内部監査部門と取締役・監査役の連携」について言及があった。

2021年 CG コードにおいては，より踏み込んだ形で，内部監査部門が，取締役会や監査役会に対しても直接報告を行う仕組みを構築して，その連携を確保すべきであるとされている。

【補充原則４－13③】
上場会社は，取締役会及び監査役会の機能発揮に向け，内部監査部門がこれらに対しても適切に直接報告を行う仕組みを構築すること等により，内部監査部門と取締役・監査役との連携を確保すべきである。また，上場会社は，例えば，社外取締役・社外監査役の指示を受けて会社の情報を適確に提供できるよう社内との連絡・調整にあたる者の選任など，社外取締役や社外監査役に必要な情報を適確に提供するための工夫を行うべきである。

中長期的な企業価値の向上を実現するうえで，その基礎として，「監査に対する信頼性の確保」が重要である。

内部監査部門は，CEO 等のみの指揮命令下となっているケースが大半を占めているため，経営陣幹部による不正事案等が発生した際に独立した機能が十分に発揮されていないのではないかとの指摘も多い。

このため，上場会社において，内部監査部門から，取締役会・監査等委員会・監査委員会や監査役に対しても直接報告が行われる仕組みが構築されること等により，内部監査部門と取締役・監査役の連携を確保し，より実効的な監査体制を構築することが重要である。

③　まとめ

このように，2021年 CG コードにおいては，監査に対する信頼性の確保および内部統制・リスク管理のために，内部統制や全社的リスク管理体制の適切な運用のための重要な担い手となりうる内部監査部門をどのように活用していくか，また内部監査部門の報告のあり方をより実効的なものにするにはどのような仕組みを構築するか等について，各企業は対応を求められることとなる。

次章以降では，(i)内部監査部門の取締役会および監査役会への直接報告制度（デュアルレポーティングラインの構築）について99ページ，(ii)内部監査部門の内部統制・全社的リスク管理体制の整備への活用については131ページに詳述しているので，参考にしていただきたい。

第4章

コンプライアンス違反の具体的事例③ ～ハラスメント～

第１　基礎知識

１　ハラスメントの社会問題化と関連法案の成立

2015年に起きた電通社員の過労死自殺事件を契機として，パワーハラスメントが大きな注目を集めた。その後も，上司等による高圧的な態度や暴言，職場でのいじめ・嫌がらせなど，「パワハラ」という言葉は日常的に聞かれるようになっている。

全国の企業と労働者等を対象に，2020年10月に実施された厚生労働省委託事業「職場のハラスメントに関する実態調査」（以下「ハラスメント実態調査」という）では，過去３年間に，パワハラ，セクハラを１度以上経験した者の割合は，それぞれ31.4％，10.2％とされている。

他方，ハラスメントを知った後の勤務先の対応として「特に何もしなかった」との回答が，パワハラでは47.1％，セクハラでは33.7％と，高い割合を占めている。

【過去３年間にハラスメントを受けた経験】

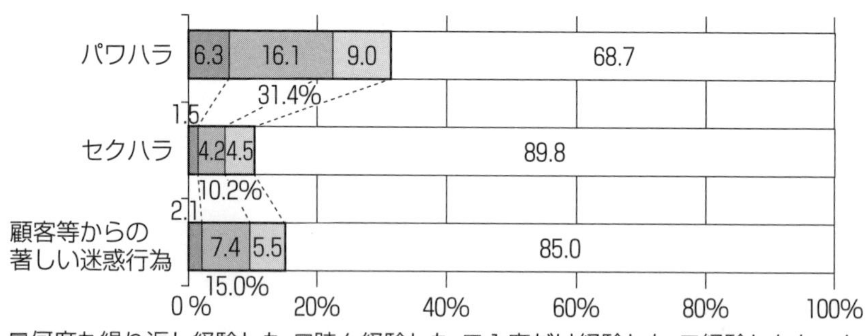

（対象：全回答者（n=8,000））

（出所）　ハラスメント実態調査

【ハラスメントを受けた後の勤務先の対応】

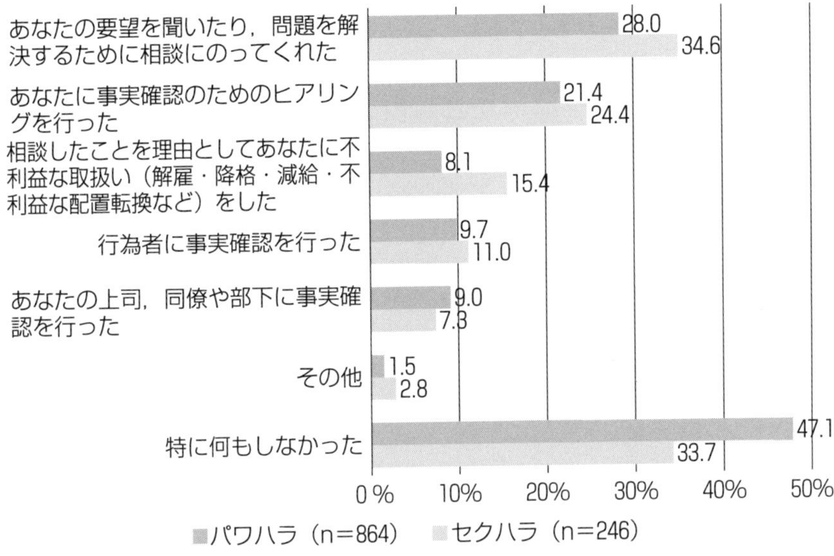

（出所）　ハラスメント実態調査

この実態調査によれば，上述のとおり「ハラスメント」が問題視されている情勢下においても，相当数のハラスメントが発生し，また，相当数の事案で，会社がその事実を認識しながらも，何らの対応を行っていない実態がみて取れる。

しかし，2019年5月には，職場でのパワハラ防止を義務づける関連法が成立した。この関連法は，大企業については2020年6月から，中小企業については2022年4月から適用されている。同法は，企業に相談窓口の設置や発生後の再発防止を求めており，悪質な場合は企業名を公表されることになる。

このように，パワーハラスメント対策は，より実質的に対応しなければならない段階を迎えているといえるだろう。

2　ハラスメントの分類

ハラスメント（Harassment）とは，人に対する嫌がらせ，人を悩ませることをいう。

ハラスメントには，代表的なものとして，セクシュアルハラスメント（セクハラ），パワーハラスメント（パワハラ）がある。他に，お酒の場で行われるアルコールハラスメント（アルハラ），喫煙者によるスモークハラスメント（スモハラ），精神的な嫌がらせであるモラルハラスメント（モラハラ），大学等の教職員によって行われるアカデミックハラスメント（アカハラ）等，多種多様なものが存在する。

そのうち，特にパワーハラスメントやセクシュアルハラスメントは，職場でのハラスメントとして，頻繁に問題となる。

また，妊婦等に対する職場でのマタニティハラスメント（マタハラ）についても，妊娠中の軽易な業務への転換を契機とした降格処分に関し，最高裁判所が判断枠組みを示している（広島中央保健生協事件：最判平成26・10・23判タ1410号47頁）。

【広島中央保健生協事件】

広島市内の病院に勤める女性が，妊娠中の軽易な業務への転換に際して副主任を降格させられ，育児休業の終了後も副主任に任ぜられなかった事案。

これについて，妊娠を理由に降格されたのは，男女雇用機会均等法違反であるとして，勤務先の病院運営者に175万円の損害賠償を求めた。

一審・二審ともに女性側の敗訴判決であったが，最高裁判所は，女性側敗訴判決を破棄し，二審の広島高裁に審理を差し戻した。

最高裁判所は，

① 自由な意思に基づいて降格を承諾したものと認めるに足りる合理的な理由が客観的に存在するとき

② 転換とともに降格をする必要性があり，法の趣旨に反しないと認める特段

の事情が存在するとき
でない限り，妊娠を理由とした降格は原則違法であるとの基準を示し，高裁で改めて検討するよう求めた。

そして，差戻後の控訴審では，最高裁の判断をふまえて，①本件措置についての承諾は，控訴人（女性）の自由意思に基づく合理的な理由が存するとはいえないこと，②本件措置は，控訴人の業務負担を軽減させる利益とはいえても，降格は利益といえないことから，男女雇用機会均等法9条3項に違反しないと認められる特段の事情があったとはいえないなどとして，被控訴人（組合）に対し，総額175万円余の損害賠償を命じた。

3　法的規制

(1)　法改正の経緯

パワーハラスメントやセクシュアルハラスメント等のさまざまなハラスメントは，労働者が自己の能力を十分に発揮することの妨げになることはもちろん，個人としての尊厳や人格を不当に傷つける等，人権に関わる許されない行為である。また，企業にとっても，職場秩序の乱れや業務への支障が生じるほか，貴重な人材の損失につながり，社会的評価にも悪影響を与えかねない重大な問題である。

このため，ハラスメントの対策は喫緊の課題であるとの認識のもと，2019年の第198回通常国会において「女性の職業生活における活躍の推進に関する法律等の一部を改正する法律」が成立した。これにより「労働施策の総合的な推進並びに労働者の雇用の安定及び職業生活の充実等に関する法律」（以下「労働施策総合推進法」という）が改正され，職場におけるパワーハラスメント防止対策が事業主に義務づけられた。

あわせて，雇用の分野における男女の均等な機会及び待遇の確保等に関する法律（以下「男女雇用機会均等法」という）および育児休業，介護休業等育児又は家族介護を行う労働者の福祉に関する法律（以下「育児・介護休業法」という）においても，セクシュアルハラスメントや妊娠・出産・育児休業等に関するハラスメントに係る規定が一部改正された。この改正では，従前の職場でのハラスメント防止対策の措置に加えて，相談したこと等を理由とする不利益取扱いの禁止や，国，事業主および労働者の責務が明確化されるなど，防止対策の強化が図られた。

これらの改正法の施行は，2020年6月1日である。前述のとおり，パワーハラスメントの雇用管理上の措置義務については，中小事業主は2022年4月1日から義務化となっている。

では，このようなハラスメントは，法令上どのように定義されるのであろうか。職場におけるパワハラ，セクハラ，マタハラの，法令上の各定義とそれに関連する指針は，次のとおりである。

【職場におけるハラスメントの定義および関連指針】

＜パワーハラスメント（パワハラ）＞

【定義】

パワハラは，職場において行われる，①優越的な関係を背景とした言動であって，②業務上必要かつ相当な範囲を超えたものにより，③労働者の就業環境が害されるという，これら①から③までの3つの要素をすべて満たすものをいう（労働施策総合推進法30条の2第1項）。

ただし，客観的にみて，業務上必要かつ相当な範囲で行われる適正な業務指示や指導については，職場におけるパワハラには該当しない。

【指針】

「事業主が職場における優越的な関係を背景とした言動に起因する問題に関して雇用管理上講ずべき措置等についての指針」（令和2年厚生労働省告示5号）がある。

＜セクシュアルハラスメント（セクハラ）＞

【定義】

セクハラとは，「職場」において行われる「労働者」の意に反する「性的な言動」により，労働者が労働条件について不利益を受けたり，就業環境が害されたりすることをいう（男女雇用機会均等法11条１項）。

【指針】

「事業主が職場における性的な言動に起因する問題に関して雇用管理上講ずべき措置等についての指針」（平成18年厚生労働省告示615号）がある。

<マタニティハラスメント（マタハラ）>

【定義】

マタハラとは，「職場」において行われる上司・同僚からの言動（妊娠・出産したこと，育児休業，介護休業等の利用に関する言動）により，妊娠・出産した「女性労働者」や育児休業・介護休業等を申出・取得した「男女労働者」の就業環境が害されることをいう（男女雇用機会均等法11条の３第１項，育児・介護休業法25条１項）。

【指針】

「事業主が職場における妊娠，出産等に関する言動に起因する問題に関して雇用管理上講ずべき措置等についての指針」（平成28年厚生労働省告示312号），「子の養育又は家族の介護を行い，又は行うこととなる労働者の職業生活と家庭生活との両立が図られるようにするために事業主が講ずべき措置等に関する指針」（平成21年厚生労働省告示509号）がある。

⑵　事業主が雇用管理上講ずべき措置

職場におけるパワハラ，セクハラ，マタハラを防止するために，厚生労働大臣の指針により，事業主が雇用管理上講ずべき措置が定められている。

その項目を示すと，以下のとおりである。

【事業主が雇用管理上講ずべき措置】

■事業主の方針の明確化およびその周知・啓発
■相談（苦情を含む）に応じ，適切に対応するために必要な体制の整備
■職場におけるハラスメントへの事後の迅速かつ適切な対応
■あわせて講ずべき措置（プライバシー保護，不利益取扱いの禁止等）
※このほか，職場におけるマタハラについては，その原因や背景となる要因を解消するための措置が含まれる。

これらは，事業主が必ず講じなければならない措置であるが，さらに，職場におけるハラスメントを防止するため，事業主が実施することが「望ましい」とされている取組みも定められている。

たとえば，①職場におけるパワハラ，セクハラ，マタハラはそれぞれまたはその他のハラスメントと複合的に生じることも想定されることから，あらゆるハラスメントの相談について一元的に応じることのできる体制を整備すること，②職場におけるパワハラの原因や背景となる要因を解消するため，コミュニケーションの活性化や円滑化のために研修等の必要な取組みを行うことや適正な業務目標の設定等の職場環境の改善のための取組みを行うこと，③雇用管理上の措置を講じる際に，必要に応じて，労働者や労働組合等の参画を得つつ，アンケート調査や意見交換等を実施するなどにより，その運用状況の的確な把握や必要な見直しの検討等に努めること，などがある。

(3)　罰　則

厚生労働大臣により，①問題が見受けられる場合には行政指導，②是正勧告を受けたにもかかわらず従わなかった場合は，社名が公表されるといったペナルティが設けられた（労働施策総合推進法33条2項，男女雇用機会均等法30条，育児・介護休業法56条の2）。

また，厚生労働大臣は，事業主に対して，ハラスメントに対する措置と実施状況について報告を求めることができ，それに対して「報告をしない」あるい

は「虚偽の報告をした」場合については，「20万円以下の過料」が科されるという罰則規定が設けられている（労働施策総合推進法41条，男女雇用機会均等法33条，男女雇用機会均等法33条，育児・介護休業法66条）。

■より深く学ぶために

厚生労働省のホームページにおいては，ハラスメントに関する改正法の解説，パンフレット，指針，研修資料，実態調査の結果等，ハラスメント防止のための最新の情報が掲載されている。

- 「職場のセクシュアルハラスメント　妊娠・出産等ハラスメント防止のためのハンドブック」（厚生労働省）

https://www.mhlw.go.jp/content/11900000/000474782.pdf
社内向け研修資料　https://www.mhlw.go.jp/content/11900000/000474783.pdf
管理職向け　https://www.mhlw.go.jp/content/11900000/000474784.pdf
は，自社の対策を検討するうえで参考になろう。

第2　具体的な事案～J社のケース

ハラスメントは，プライバシーに関わる問題でもあることから，上場企業においても，その具体的な内容が対外的に公表される例は多くはない。

そのなかで，ハラスメントが問題となった事案として公表されている事例を取り上げ，この企業における内部統制上の問題点，内部監査上の問題点を検討したい。

1　事案の概要

子育て支援事業を主な事業内容とするJ社において，創業者Yはすでに辞任していたものの，筆頭株主でもあったYは，2017年9月に，株主提案議案を目的事項とする臨時株主総会の開催を請求した。これを受け，J社は，同年11月22日に，臨時株主総会を開催することを決定した。

J社の取締役会は，Yの辞任直後の調査により，①YがJ社社長として在籍した当時，重大なセクシュアルハラスメントを行っていたこと，このため，②YまたはYの意を汲んだ人物がJ社の経営に関与することは適切ではない，との意見を表明した。そして，株主の議決権行使に係る判断に資するという観点から，外部の弁護士で構成する第三者委員会を設置した。

第三者委員会は，①J社において，過去に会社経営に重大な影響を及ぼすようなハラスメント事案が存在したか否か，②J社のハラスメント対策に対する取組状況について，2017年11月16日に，要点版の調査報告書（以下「調査報告書」という）を，同年12月5日に，詳細版（ただし非開示）の調査報告書を提出した。

本件の関係を図示すれば，次のとおりである。

【本件の関係図】

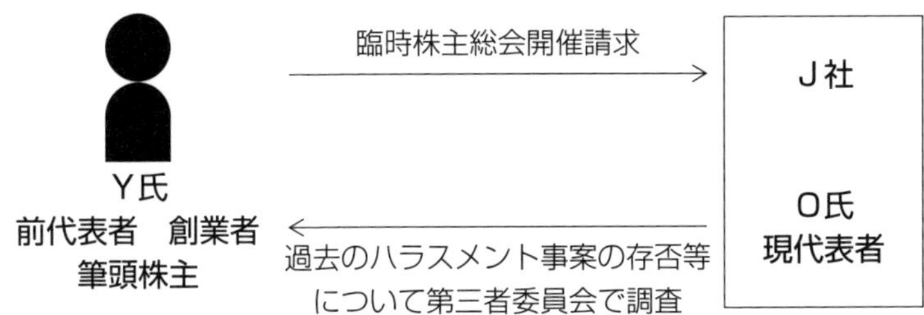

2　認定されたハラスメント事案の内容

要点版の調査報告書で確認できる，Yおよび現代表取締役Oのハラスメント事案の内容は，次のとおりである。

【パワーハラスメントの存否】

Y（創業者かつ前代表取締役）のパワーハラスメント

Yは，組織運営手法ないし役職員に対する影響力の行使方法として，

① 日常的に東京支社のフロア全体に響きわたるような怒声を発する
② しばしば物を投げつけて自らの感情を表現する
③ 日常的に脅迫的・攻撃的な言辞を用いて叱責する
④ 差別的・侮蔑的発言によって役職員の人格を貶める
⑤ 理不尽・不合理な理由によって頻繁に始末書を書かせる

ことで，自らの絶対性ないし優位性を誇示し，役職員を威嚇し，萎縮させる等，役職員の人格権を侵害するパワハラに該当する行為を用いていた。

それは，不適切という評価を超えて，違法性を帯びた行為と評価せざるをえないものであった。

ただし，Yは，これらの行為について，大きな声を出して叱責する限度で認め，その余の行為は明確に否定しているようである。

O（現代表取締役）のパワーハラスメント

Oも，役職員に対して怒鳴ることがあるという指摘がなされており，頻度が少ないとはいえ，Y退任後の組織運営のなかでパワハラに該当する可能性，あるいは疑われる行為を行っていた。

【セクシュアルハラスメントの存否】

Yのセクシュアルハラスメント

Yには終業後の食事や社員旅行など飲酒を伴う場面で，女性職員に対する性的言動があった。役職員らがYが機嫌を損ねないよう気を配っていたために，自らの性的言動が許容されているものと思い込みやすい状況ではあったものの，Yによる性的言動のなかには，セクハラと評価される行為があったと判断せざるをえない。

また，Yと頻繁に食事に出かけたり，交際関係があると噂される女性従業員は，周囲からみれば，Yに取り入ろうとした結果ともいえる。そのような女性従業員と親しくしていること，あるいは噂を招いたことで，職場環境が害されていると評価できる。

社内におけるYと特定の女性従業員との関係の存在やその噂は，断続的に繰り返し明るみに出ることで，職場の風紀秩序が乱れ，職場環境の悪化がもたらされていた。

Oのセクシュアルハラスメント

Oを含む役員も，前代表者Yと比較すると頻度はかなり低いものの，Y在任当時，セクハラに該当する可能性のある行為が疑われる。Y退任後も，Oによるセクハラに該当しうる行為が認められる（ただ，当該行為によりＪ社の職場環境を害しているとまでは評価できない）。

第3　内部統制上の問題点

1　本件不適切行為の発生原因

(1)　J社におけるコンプライアンス体制

J社は，会社組織として，取締役会および監査役会を設置する機関設計を採用している。

また，役職員のコンプライアンスに関する意識の向上を図り，コンプライアンスを円滑かつ効果的に実施するための組織体制および運営方法を定めるため，コンプライアンス規程を定め，審議機関としてコンプライアンス委員会を設置していた。さらに，役職員からの法令や内規違反の行為の通報を受けつける窓口として，内部通報窓口を設けていた。

加えて，セクシュアルハラスメントについての独自の相談窓口，ヘルスケアに対応する社外相談窓口を設け，ハラスメント対策の研修を実施するなど，ハラスメントの防止および対策の観点から役職員をサポートする制度を構築・運用していた。

このように，J社においては，ハラスメント対策として，上場会社として備えておくべき標準的な仕組みは，「形式的」には設けられていたといえる。

(2)　ワンマン経営者に対する牽制機能の不全

しかし，このような「仕組み」がありながら，今回のハラスメント行為が発生した。

なお，第三者委員会が実施したJ社の役職員向けアンケート調査において，直近2年以内に何らかのセクシュアルハラスメントを受け，あるいは見聞きしたことがある者は6.43％，パワーハラスメントを受け，あるいは見聞きしたことがある者は17.63％であり，相当数の役職員が，何らかのハラスメント行為を認識していることとなる。

では，Ｊ社においてこのように備えておくべき標準的な「仕組み」が整っていたにもかかわらず，ハラスメントが発生してしまった原因はどこにあったといえるのだろうか。

この点，調査報告書によると，Ｊ社においてハラスメントが発生している原因として，「前代表者Ｙ在任中の時代から続く，パワーハラスメントおよびセクシュアルハラスメントがまかり通ってしまう職場環境」があるとされている。

すなわち，前代表者Ｙは，創業者であり，かつ設立時から代表取締役として，Ｊ社および関連会社の「絶対的な」トップであった。また，Ｊ社の決裁権限基準においても，多くの決裁権限が社長にあるとされていたうえ，「基準上」は決裁権限が部長等にあるとされている事項であっても，「事実上」は，前代表者Ｙの承認を要しており，組織運営上，前代表者Ｙに権限が集中していたようである。

その結果，Ｊ社においては，創業者でありかつ代表者でもあるＹに，決定権限やその前提となる情報が集中していた。このように，役職員が，実質的に代表者に反対意見を述べることができないといった状況は，創業から間もない会社において，時に見受けられるところである。

Ｊ社では，上場会社として要求されるコーポレート・ガバナンスおよび内部管理体制は，形式上整備されていたものの，上記のような代表者Ｙの立場と他の役職員との関係性等から，代表者が何らかの問題を発生させたとしても，牽制機能等が発揮され難い状況にあった。このような状況から，代表者の行為に歯止めとなるものがなく，「罵声を発する」「物を投げつける」「侮辱的な発言をする」「女性職員に対する性的言動をする」等の，種々のハラスメント行為に至ったものといえる。

なお，ワンマン経営者のＹ辞任後においては，徐々にパワハラやセクハラがまかり通ってしまうといった傾向の「職場環境」という状態は，薄れ始めたようである。第三者委員会が実施したＪ社の役職員向けアンケート調査においては，直近２年間とそれ以前との比較において，セクハラ，パワハラともに，環境はやや改善したと評価されている。特にパワハラの改善について，役職員から，より積極的な評価がされている。

【本件発生原因のポイント】

ハラスメント対策の標準的な仕組みは「形式的」には設けられていた
→ワンマン経営者に対する牽制機能の不全

2　改善のポイント

(1)　経営陣の意識改革

調査報告書においては，Ｊ社における，パワハラやセクハラがまかり通る職場環境は，現場職員にまで及んでいるとまではいえず，むしろ役員といった上層部に顕著な傾向があるとされている。したがって，ハラスメント行為を防止する体制を整備するべき経営者が，自らそれを破っている状態，いわゆる「内部統制の無効化」というべき事例である。

そこで，コンプライアンスのための新たな仕組み云々以前に，本件では，経営陣が意識改革を行うことが必須である。経営陣の意識改革をするためには，昨今の社会情勢の変化，ハラスメントを根絶するよう社会的な要請が高まっていることを，経営陣にまずしっかり腹落ちする形で理解させることが肝要である。経営者は，自分が若いころは当たり前だったとか，これくらいは大丈夫だろうという甘い意識を捨てなければならない。そのうえで，従業員に対しても啓蒙活動を行っていく必要がある。

✓　一般従業員のハラスメント事案であっても

前述のとおり，ここで取り上げた事案は，調査報告書が公表されたものであるため，経営者によるハラスメント事案であって，一般従業員によるものではない。

しかし，一般従業員によるハラスメント事案であっても，悪質なものであった場合，マスコミ報道等で意図せざる形で公表されることがある。また，従業員から，会社の体制が不備であったことを理由として，訴訟等が提起される可能性もある。このような紛争のなかで，会社の体制の不備を指摘された場合，会社のレピュテーションは著しく低下することとなる。

基礎知識でも述べたように，ハラスメントに関しては，昨今，数多くの法改正やガイドラインの策定が行われている。経営陣がこのような法令を遵守し，そこで求められる体制を整備することは当然のこと，ハラスメントを積極的に根絶しようとする意識を持つことが，会社にとって必要な「有能な人財」を確保し，中長期的な企業価値向上に資することを肝に銘じなければならない。

(2)　ハラスメント防止策の積極的な意義

2020年に実施されたハラスメント実態調査（74ページ参照）によれば，勤務先がハラスメントの予防・解決に「積極的に取り組んでいる」と回答した者については，ハラスメントを経験した割合は低く，「あまり取り組んでいない」と回答した者については，ハラスメントを経験した割合は高いとの調査結果となっている。この調査結果から，会社としてハラスメント問題に積極的に取り組むことにより，従業員がハラスメントに巻き込まれるリスクを減少させることができることが読み取れる。

また，同調査によると，ハラスメントの予防・解決のための取組みを進めたことによる副次的効果として，「職場のコミュニケーションが活性化する／風通しがよくなる」との回答の割合が最も高くなっている。次いで，「管理職の意識の変化によって職場環境が変わる」の回答が高かったとされており，経営者・役員が，ハラスメントの予防・解決のための取組みを積極的に進めることにより，職場環境が改善し，従業員の会社への信頼，仕事への意欲，職場の生産性向上につながることを示している。

このように，ハラスメントを根絶し，良好な職場環境を整備することは，さまざまな好循環をもたらすこととなる。ハラスメント根絶のために，経営者・役員の積極的な取組みが求められる。

(3)　Ｊ社の取組み

Ｊ社においても，調査報告書で指摘された課題および提言内容に基づき，概要以下のような基本方針を決定した。今後，これらの基本方針に沿って対応策を具体化し，各施策を実行していく，とされている。

Ｊ社における，再発防止策としての取組みの基本方針は，以下のとおりである。

【Ｊ社の取組みの基本方針】

①　ハラスメント撲滅宣言

⇒　代表者および役員が中心となり，「職場におけるハラスメント撲滅宣言」を行い，役職員全員に対し周知・啓蒙することで，ハラスメントは断固として許さない環境づくりに取り組む。

②　グループ行動準則の見直しと実践

⇒　Ｊ社グループは「こどもたちの笑顔のために……」を経営理念とし，この経営理念のもと，行動準則を定めているが，コンプライアンス強化のため，倫理および服務に関する部分を中心に見直しを行い，全役職員に広く浸透させ，実践していく。

③　コンプライアンス強化のための関連規程等の整備

⇒　調査報告書においては，コンプライアンス委員会の委員の指名方法，運用に関する規定が必ずしも十分ではないと指摘されており，コンプライアンス委員会の委員の指名方法，運用に関する規定について整備する。

また，内部通報制度の利用方法およびハラスメント窓口の存在を明確化するとともに，関連規程の見直しと，マニュアル等の整備を行う。

④　通報および相談に対する体制の整備

⇒　通報者および相談者のプライバシーおよび不利益処分等に配慮したうえで，その受付から解決，再発防止，通報者へのフィードバックに至るまでの各手続およびフローを規程・マニュアル等において明確化し，その体制を整備する。

また，調査報告書においては，内部通報制度の存在についての認知度は高いものの，その利用方法に関しては，役職員において必ずしも十分な理解がないものと思われる点，および，ハラスメント窓口について，役職員に対する周知が不十分である点が指摘されていることから，相談窓口およびその利用方法を明確化するとともに，役職員全員への周知の徹底を行う。

⑤　教育・研修等の実施

⇒　コンプライアンスおよびハラスメント研修の実施は継続的に行ってきたが，定期的に役職員全員が受講できる体制，入社時・昇格時等の節目における研修，役職等の役割に応じた階層別研修等を充実させ，効果的な教育研修が実施できる体制を構築し，コンプライアンス意識のさらなる向上を図る。

経営陣が「職場におけるハラスメント撲滅宣言」を行い，ハラスメント対策を積極的に進め，「形式的」に整えていたハラスメント対策の仕組みを，生きた制度として活用していくことができるかがポイントといえる。

特に，ハラスメント事案は，内部通報や相談窓口に持ち込まれることが多い。この際に適切に対応することが，ハラスメント事案に対する経営姿勢を示すことにつながるといえるだろう。近時，公益通報者保護法が改正され，企業の内部通報制度への対応に注目が集まっていることも十分に認識するべきであろう。

コラム

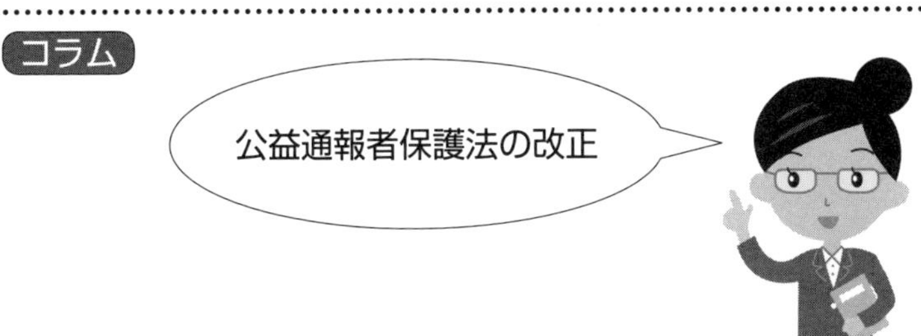

公益通報者保護法は，「公益目的」で，企業内部の不正行為を，通報した従業者を保護し，企業による解雇は無効とするなど，不利益な取扱いについて禁じている。

この公益通報者保護法の一部を改正する法律が，2020（令和 2 ）年 6 月12日に公布された。同法は，2022（令和 4 ）年 6 月 1 日から施行される。

①　改正の内容

改正法の具体的な内容は，

- ✓ 事業者自ら不正を是正しやすくするとともに，安心して通報を行いやすくする目的での改正
- ✓ 行政機関等への通報を行いやすくする目的での改正
- ✓ 通報者がより保護されやすくする目的での改正

に分類することができる。

それぞれの内容について，以下ポイントを概説する。

②　事業者自ら不正を是正しやすくするとともに，安心して通報を行いやすくする目的での改正

ア　事業者の義務

改正法では，事業者に対し，

- ✓ 内部通報を受け，通報対象事実の調査，および是正に必要な措置をとる業務（公益通報対応業務）に従事する者（公益通報対応業務従事者）を定める義務
- ✓ 内部通報に適切に対応するために必要な体制の整備等の義務

が課されることとなった（改正法11条 1 項および 2 項）。これらは，中小事業者（従業員数が300人以下）については，努力義務とされている。

なお，消費者庁は，2021（令和 3 ）年 8 月20日に，「公益通報者保護法第11条第 1 項及び第 2 項の規定に基づき事業者がとるべき措置に関して，その適切かつ有効な

実施を図るために必要な指針」を公表している。

イ　行政措置の導入

改正法においては，事業者が，上記の義務を果たさない場合の実効性確保のため，行政措置（助言・指導，勧告および勧告に従わない場合の公表）が導入されている（改正法15条，16条）。

ウ　守秘義務と刑事罰の導入

公益通報対応業務従事者（公益通報対応業務従事者であった者も含む）には，通報者を特定させる情報を正当な理由がなく漏えいしてはならない旨の守秘義務が課されることとなった（改正法12条）。

これに違反した場合，刑事罰（30万円以下の罰金）の対象となる（改正法21条）。

③　行政機関等への通報を行いやすくする目的での改正

ア　行政機関への通報の保護要件の緩和（２号通報）

現行法では，行政機関への通報（２号通報）について「通報対象事実が生じ，又はまさに生じようとしていると信ずるに足りる相当の理由がある場合」（以下「真実相当性」という）との要件が求められている。しかし，真実相当性の判断は難しく，この要件を求めていたのでは，行政機関への通報のハードルが高いのではないかという問題意識があった。

この点，改正法では，通報者が，自身の氏名等を記載した書面を提出する場合には，真実相当性の要件は求めず，「通報対象事実が生じ，若しくはまさに生じようとしていると思料」することで足りることとされている（改正法３条２号）。

イ　報道機関への通報の保護の拡大（３号通報）

現行法では，報道機関等への通報（３号通報）については，個人の生命・身体に対する危害が発生するまたは発生する急迫した危険があると信じるに足りる相当の理由が存在することが保護要件とされている。

改正法では，さらに財産に対する損害（回復困難または重大なもの）に関する通報についても，保護対象となった（改正法３条３号へ）。

また，新たに，内部通報をした場合，通報者を特定させる情報が漏れる可能性が高い場合の通報についても，保護の対象とされた（改正法３条３号ハ）。

④　通報者がより保護されやすくする目的での改正

ア　保護される通報者の範囲の拡大

改正法では，公益通報者として保護される者の範囲に，労働者のみならず，退職者（ただし，退職後1年以内に限る）も含むこととなった（改正法2条1項1号）。

また，改正法では，役員についても，保護される通報者に追加された（改正法2条1項）。ただし，役員が公益通報を理由に解任された場合の事業者への損害賠償請求の要件としては，通報に先立って，調査是正措置（通報対象事実の調査および是正のために必要な措置）を取ることに努めたことが要件とされている。

イ　保護される通報の範囲の拡大

現行法では，通報対象となる事実の範囲は，別表に掲げられた法律に規定する犯罪行為の事実に限定されていたところ，行政罰（過料）の対象となる事実も追加された（改正法2条3項）。

ウ　損害賠償責任の制限

改正法においては，事業者は，公益通報によって損害を受けたことを理由として，公益通報者に対して損害賠償請求を行うことができないこととされている（改正法7条）。

現行法においても，禁止対象となる「不利益な取扱い」には損害賠償請求は含まれると解されていたが，改正法では，損害賠償責任を行うことができないことが明記されたものである。

企業としては，以上のような改正内容に対応するため，自社の内部通報制度について整備を行っていく必要がある。

第4　内部監査の問題点

1　内部監査の状況

調査報告書によれば，J社の内部監査室は代表取締役社長直属の独立した機関として，年度ごとの監査計画に沿って，各部署や各施設の監査を実施していたとされている。

すべての施設について，年に1回は訪問して，経理・書類等の事務処理面のチェックを行っていたものの，コンプライアンスなどの内部統制面については，必ずしも内部監査室の職域として意識されておらず，その機能が十分に果たされていなかったとされている。

2　改善のポイント

(1)　モニタリング機能を担う機関・組織の連携

調査報告書によると，今までコンプライアンスに関する事項が内部監査の対象とされてこなかった点について，業務改善チームで検討を重ね，内部監査対象を拡大する方向で検討を進めているところであるとされている。

しかし本件は，前述のとおり，経営者が内部統制を無視した，いわゆる「内部統制の無効化」というべき事例である。内部監査対象を拡大したとしても，代表取締役社長直属の組織において，その代表取締役自身を監査することは困難である。特に，ワンマンで牽制が効かなくなった経営者に対して，内部監査部門が「社長直轄」の状態では，内部監査室に牽制機能を期待することは困難であるといわざるをえないだろう。

この点，このような経営者により内部統制が無効化されている状態においては，まずは，内部監査部門が，取締役会，監査役（会），会計監査人等と，機能的に連携することにより，経営者への牽制や監査の実効性を高めていくことが必要だろう。

これらの当事者が，有機的に「連携」するためには，まず，①執行に対する監督・監査機能を有効に機能させようとする「意識」を持つこと，②それぞれの立場から見える会社の問題点を共有すること，その結果，それぞれが持つ権限を適切に発揮していくことが，モニタリングを有効に機能させるためのポイントである。

⑵　連携を機能させ，実効化させるためには

これらの連携を機能させ，実効的なモニタリングをするためには，本件でいえば「経営者のハラスメント行為」といった，対応すべき事象に関する「情報」がなければならない。このため，たとえ経営者にとって不利益な情報であっても，もみ消されることなく情報共有できる仕組みとして，内部監査部門から，取締役会，監査役会への「直接報告」制度は，重要なカギとなる。

したがって，内部監査の報告ルートとして，2021年CGコード補充原則4－13③がいう，いわゆる「デュアルレポーティングライン」を整えること，すなわち，内部監査部門が，取締役会，監査役会等に対し，執行サイドから独立したレポートラインを持つことは，1つの解決策になるものと考えられる。

とはいえ，この場合，単に「デュアルレポーティングライン」という制度を形式的に作るのみでは，その実効性が確保できるかは疑わしい。執行サイドにとって不利益な情報であっても，各当事者が情報共有できるようにするためには，内部監査部門が，執行サイドから独立性が確保されていることが重要である（99ページ参照）

⑶　従業員によるハラスメント事案に関する内部監査

では，本件のような経営者によるハラスメント事案ではなく，従業員によるハラスメント事案については，内部監査においてどのような点に留意するべきであろうか。

基礎知識で整理したとおり，職場におけるハラスメント防止対策が強化され，

事業主が雇用管理上講ずべき措置の詳細な内容が立法化されている。

たとえば，パワハラについて，事業主が講ずべき措置の概要は，次のとおりである。

【パワハラを防止するために講ずべき措置】

■　事業主の方針の明確化およびその周知・啓発

①　パワハラの内容，パワハラを行ってはならない旨の方針を明確化し，管理監督者を含む労働者に周知・啓発すること

②　パワハラの行為者については，厳正に対処する旨の方針・対処の内容を就業規則等の文書に規定し，管理監督者を含む労働者に周知・啓発すること

■　相談（苦情を含む）に応じ，適切に対応するために必要な体制の整備

①　相談窓口をあらかじめ定め，労働者に周知すること

②　相談窓口担当者が，内容や状況に応じ適切に対応できるようにすること

③　パワハラが現実に生じている場合だけでなく，発生のおそれがある場合や，パワハラに該当するか否か微妙な場合であっても，広く相談に対応すること

■　職場におけるパワハラへの事後の迅速かつ適切な対応

①　事実関係を迅速かつ正確に確認すること

②　事実関係の確認ができた場合には，速やかに被害者に対する配慮のための措置を適正に行うこと

③　事実関係の確認ができた場合には，行為者に対する措置を適正に行うこと

④　再発防止に向けた措置を講ずること

■　あわせて講ずべき措置

①　相談者・行為者等のプライバシーを保護するために必要な措置を講じ，労働者に周知すること

②　事業主に相談したこと，事実関係の確認に協力したこと，都道府県労働局の援助制度を利用したこと等を理由として，解雇その他不利益な取扱いをされない旨を定め，労働者に周知・啓発すること

このように，ハラスメントを防止するため，①防止する方針が明確化され，その周知・啓発が図られているか，②苦情を含む相談体制が整備されているか，

③仮に相談があった場合に，迅速かつ適切に対応することができる体制が整備されているか，④その他相談者に不利益な取扱いがされないように規程等が整備されているか，またそのように運用されているか，という点がポイントとなる。

内部監査部門としては，ハラスメントに関して，このような事業主が雇用管理上講ずべき措置を実際に講じているか，講じているとしてそれが有効に機能しているかを確認することが必要である。

【内部監査の改善のポイント】

＊　経営者によるハラスメント事案：「内部統制の無効化」への対応
　→内部監査部門と取締役会，監査役会等との連携・「直接報告」制度
＊　従業員によるハラスメント事案
　→事業主が雇用管理上講ずべき措置の実施状況の確認

【本件から学ぶハラスメントに関する内部監査のポイント】

① ハラスメントに関する内部統制状況の確認

□ ハラスメントの防止のための事業者が雇用管理上講ずべき措置を遵守しているか

→ガイドライン等をふまえて各ハラスメントそれぞれの次の点の遵守状況の確認

- 事業主の方針の明確化およびその周知・啓発
- 相談（苦情を含む）に応じ，適切に対応するために必要な体制の整備
- 職場におけるハラスメントへの事後の迅速かつ適切な対応
- あわせて講ずべき措置（プライバシー保護，不利益取扱いの禁止等）

※職場におけるマタハラについては，その原因や背景となる要因を解消するための措置も含まれる。

□ 上記の措置が形式的に整えただけで実質的には機能していない状況にないか確認

② 職場におけるハラスメントの事実の発生の有無の確認

□ パワハラが発生していないか

→社内におけるパワハラに関する内部通報，人事部への問い合わせ等の有無を確認

会社がその事実を認識しながら，何らの対応を行っていない事実がないか社内の情報を積極的に収集する。

□ ハラスメントが発見された場合は，その事実確認と原因分析（会社の管理体制の穴がないか調査）

★ ハラスメントに経営層あるいは有力な役員が関与している場合

→監査役（会）に報告する等モニタリング機関と連携をとって対応

【Advance】内部監査部門の取締役会および監査役会への直接報告制度（デュアルレポーティングライン）の構築

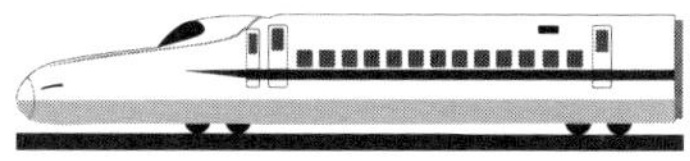

①　デュアルレポーティングラインの構築に関する提言

内部監査部門が，業務執行ライン上の従来のレポートラインに加えて，取締役会と並んで，監査役等に対する直接のレポートラインを確保すること（いわゆる「デュアルレポーティングライン」）を確保すべきであるとの指摘は，従前から，各種意見書・ガイドラインで指摘されてきたところである。

ア　フォローアップ会議意見書(4)の指摘

まず，2019年 4 月に公表された「コーポレートガバナンス改革の更なる推進に向けた検討の方向性」（「スチュワードシップ・コード及びコーポレートガバナンス・コードのフォローアップ会議」意見書(4)）においては，

> 内部監査部門については，CEO 等のみの指揮命令下となっているケースが大半を占め，経営陣幹部による不正事案等が発生した際に独立した機能が十分に発揮されていないとの指摘がある。
>
> 内部監査が一定の独立性をもって有効に機能するよう，独立社外取締役を含む取締役会・監査委員会や監査役会などに対しても直接報告が行われる仕組みの確立を促すことが重要である。

として，内部監査部門の取締役会および監査役会への直接報告制度の重要性が説かれている。

イ　グループガイドラインの指摘

また，2019年 6 月28日に公表された「グループ・ガバナンス・システムに関する実務指針」（グループガイドライン）の内部統制システムに関する監査役等の役割等を論じた項目（4.5）では，

> 監査役等の機能発揮のため，内部監査部門の活用を図ることが有効である。こうした視点から，内部監査部門から業務執行ラインに加えて監査役等にも直接のレポートライン（報告経路）を確保し，とりわけ経営陣の関与が疑われる場合にはこちらを優先することを定めておくことが検討されるべきである。

として，内部監査部門の監査役等への直接報告制度が検討されるべきと提言されていた。

②　直接報告制度の意義～内部統制の無効化

このように，「内部監査部門が，CEO等のみの指揮命令下となっているケースが大半を占め，経営陣幹部による不正事案等が発生した際に独立した機能が十分に発揮されていない」という問題点は，従前から指摘されてきた。

内部監査は，会社の業務の効率性，遵法性についてモニタリング機能を果たすものであり，業務の適正を確保するための体制，いわゆる「内部統制システム」の構成要素の重要な一部である。

ア　内部統制の限界～内部統制の無効化

しかし，内部監査の機能に限界があると考えられる場合がある。それは，経営者自身が不正を行った場面である。

内部統制は，「経営者自身」が構築する内部牽制等のための機能であるため，経営者自身が不正を行った場合，内部統制が機能せず，組織として，自浄作用を発揮することは難しい。このような状態を「内部統制の無効化」という。

内部監査は，部門としては経営トップに直属し，執行ラインに属するため，監査結果等の報告は，経営者に対してなされることが一般的である。このため，仮に経営者が行った不正を発見したとしても，その情報は，最終的には経営者にも伝達されることとなる。したがって，経営者に直属している内部監査部門が，「積極的」に経営者の不正を発見するように動くことを期待することは，現実的には難しいし，仮に発見したとしても，経営者により，早期に「もみ消される」ことも想定される。

たとえば，最近実際に上場会社において公表された事例として，上場会社の代表取締役が，同社の子会社を利用して，当該子会社が複数の取引先に支払った金銭の一部について不正に受領していた事案があった。このような事案のみならず，代表取締役をはじめとする役員に関連する不正は，ニュース等でもしばしば報道されており，長期間にわたり，その被害損害額が多額になることも少なくない。

イ　経営者不正への対応

このような経営者不正は，企業の存続に直結する事態に発展する可能性があるにもかかわらず，企業として，また役員として，どのように対応するかは，実務的・現実的には非常に悩ましい問題である。

その解決策としては，執行サイドに対するモニタリング機能を担う，取締役会，監査役（会），会計監査人，そして内部監査部門が機能的に連携することにより，経営者への牽制や監査の実効性を高めていくことが１つの解決策となろう。

この連携を機能的なものにするためには，とりもなおさず，対応すべき事象に関する「情報」がなければならない。このため，内部監査部門から，取締役会，監査役会への「直接報告」制度は，特に内部統制の無効化に対する，重要な解決策となるのである。

③　直接報告制度を機能させるためには

ただし，制度として直接報告制度に関する規定を設けたとしても，それだけでは不十分であるといわざるをえない。

たとえ取締役会や監査役会への直接報告制度を設けたとしても，内部監査部門の人員に関する人事権（人事評価やそれに伴う人事異動等）は，社長をはじめとする経営者が有していることが通常であるから，内部監査部門としては，人事上の種々の「報復」をおそれて，取締役会や監査役会等への直接報告を躊躇することも起こりうるだろう。このような情報を有してしまった内部監査部門としては，取締役会や監査役会等へ直接報告すべきか，その取扱いについて悩みを抱えることとなる。

ア　フォローアップ会議（第25回）の議論

この点については，スチュワードシップ・コード及びコーポレートガバナンス・コードのフォローアップ会議（第25回）の議論のなかで，複数の委員が指摘し，またコメント等が寄せられている。

たとえば，

- 内部監査部門から取締役会等に対し直接報告が行われる仕組みを構築すべきであることが盛り込まれたが，フォローアップ会議で多くの委員が言及されていたように，内部監査機能を活用するうえでは，内部監査部門の独立性（人事権等），内部監査品質の確保が非常に重要である。この点，本コード・対話ガイドラインのいずれにも盛り込まれなかったが，今後本コードを周知するなかではこの点も合わせて言及されることを期待したい。

- 監査役等は，監査の一環として，内部監査部門や同部門の長の独立性に問題があるかを確認し，必要があれば経営者や取締役会に対して是正を求める役割が期待される。こうした観点から，内部監査部門の長の人事については，事前協議の機会等，何らかの形で監査役等が当該決定プロセスに適切に関与しうる機会が確保される必要があると考えられるが，かかる趣旨は，同補充原則における「適切に直接報告を行う仕組みを構築すること等」に含まれているとの理解でよいかを確認したい。

というものがある。

イ　東京証券取引所が示した考え方

このコメントに対しては，東京証券取引所から，

フォローアップ会議では，内部監査部門の重要な機能の１つとして執行への監視があり，内部監査部門の人事権なども監査役等が担うべきとの指摘がなされました。このような指摘に鑑みると，取締役会・監査役会の機能発揮に向け，ご指摘のような内部監査部門長の人事の決定プロセスに，監査役が適切に関与しうる機会を確保することも，補充原則４－13③の「内部監査部門が取締役会や監査役会に対して適切に直接報告を行う仕組みを構築する等」に含まれる場合がありえるものと考えます。

との考え方が示されている。

このように，内部監査部門からの直接報告という仕組みを単に作るのみだけではなく，監査役等が内部監査部門の人事決定プロセスへ適切に関与することも，補充原則４－13③において要請されていると考えられることにも留意が必要である。

④　業務執行ラインからの独立性への配慮

以上のとおり，デュアルレポーティングラインを機能させるためには，内部監査部門の業務執行ラインからの独立性の確保，特に人事権の所在について十分に配慮する必要がある。

具体的には，内部監査部門のスタッフの人事権の行使に関して，監査役等の関与をさせる仕組みも定めておく必要がある。特に，内部監査部門「長」の人事への配慮は重要である。

ア　内部監査部門の独立性確保のための仕組み

このような内部監査部門の独立性確保のためにどのような仕組みを構築するかは，各社の状況に応じて異なってくるものと思われる。

たとえば，執行サイドが過半数を占める取締役会の構成であれば，内部監査部門の人事に，「取締役会」が関与するとしても，一定の牽制効果は認められるとしても，事実上意味がない可能性が高い。したがって，一般的には，内部監査部門の人事について，監査役等，場合によっては独立社外取締役が何らかの関与をすることが，検討すべき仕組みの１つと考えられるだろう。

内部監査部門の業務執行ラインからの独立性の確保のために，たとえば，「内部監査部門のスタッフの任命・異動，人事評価および懲戒等については，監査役の意見を尊重する」「内部監査部門スタッフの異動，昇格，降格，報酬，懲罰等に関する決定は，監査役の同意を要する」等の社内規程を定めておくことが考えられる。

イ　直接報告制度を機能させるためには

しかし，さらにいえば，このような規定を作るだけでは，これでもなお，直接報告制度が機能しない可能性がある。

内部監査部門から，監査役等に報告したとしても，何ら是正される可能性がないと考えられているとしたら，そもそも，監査役等に対して直接報告すること自体を躊躇することとなるからである。

すなわち，直接報告制度を機能させるためには，監査役等が内部監査部門からの情報に適切に対応するとともに，それに対する内部監査部門からの信頼が不可欠である。このように，内部監査部門から信頼を寄せられるガバナンス体制を構築することも，あわせて求められている点を付言しておきたい。

【直接報告制度を機能させるポイント】

情報提供，連携の実効性を確保
→業務執行ラインからの独立性の確保
　＝内部監査部門の人事権への配慮が必要

第5章

コンプライアンス違反の具体的事例④～インサイダー取引～

第１　基礎知識

１　割に合わないインサイダー取引違反の現実

2021年６月に，証券取引等監視委員会（英語：Securities and Exchange Surveillance Commission，以下「SESC」という）が公表した「証券取引等監視委員会の活動状況」（以下「活動状況」という）および「金融商品取引法における課徴金事例集～不公正取引編～」（以下「課徴金事例集」という）によれば，2020年度におけるインサイダー取引に関する取引審査は900件行われ，課徴金納付命令勧告件数は８件（６事案，課徴金額4,161万円）であったとされている。勧告件数は，前年度の24件・14事案から大幅に減少したものの，平均課徴金額（520万円）については，過去２番目の金額になった。

SESCは，市場での有価証券取引について，不自然なものは見逃さないとの基本的な姿勢で常時厳正に監視しており，不自然な取引が行われれば必ずチェックされると考えるべきである。

インサイダー取引が疑われる事実が発覚した場合，重要事実等の公表前に，タイミングよく売買している者の保有する証券口座・銀行口座等を調査することに加え，必要に応じて，親族・知人・勤務先等の関係者に対しても幅広い調査が実施されている。これらの関係者との間における借名取引の疑いや，不自然な資金動向なども確認されると，調査段階でさえ，その対象者は相当の負担を負うことになる。

また，その後，SESCから勧告・告発を受けた場合，課徴金という行政処分が科され，加えて，刑事罰も科されることもある。さらに，インサイダー取引に手を染めたことにより，社会的信用のみならず，就業先や役職も失うことになる。このように，インサイダー取引を行うことにより，取り返しがつかない損失を負うことになる。

✓　課徴金納付勧告件数の推移

この点，2005年の課徴金制度の導入以降のインサイダー取引に関する課徴金納付命令勧告件数の推移は，次のとおりである。

【インサイダー取引に関する課徴金納付命令勧告件数の推移】

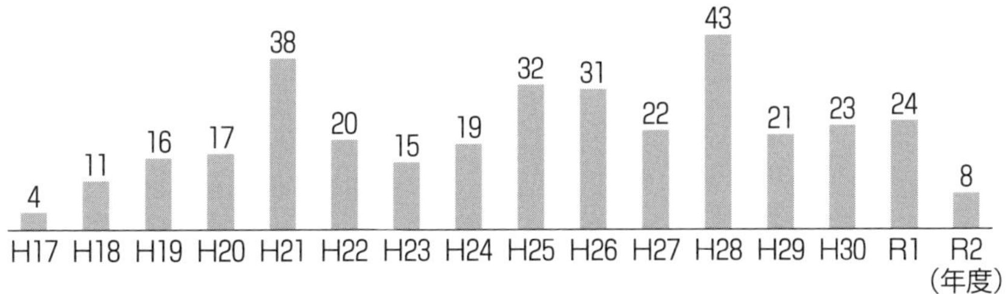

（注）　クロスボーダー事案を含む
（出所）　証券取引等監視委員会の活動状況

しかし，インサイダー取引規制に対する認識が甘く，「有価証券取引は膨大であるから，自分の取引はみつからないだろう」，「自己名義口座では取引できなくても，他人名義口座を利用すれば大丈夫だろう」等と安易に考え，年度による増減はあるものの，いまだに一定数の勧告件数が存在するのが現状である。

2　法的規制

(1)　規制の趣旨

インサイダー取引とは，「上場会社の関係者等が，その職務や地位により知り得た，投資者の投資判断に重大な影響を与える未公表の会社情報を利用して，自社の株式等を売買すること」をいう。

未公表情報を知らない一般の投資者は，未公表情報を知っている者と比較して，投資判断上不利な立場で取引を行うこととなり，その結果証券市場の信頼性が損なわれかねない。このため，インサイダー取引は，金融商品取引法において禁止されている。前述のとおり，違反者に対しては，SESCによる刑事告発や，課徴金納付命令の勧告が行われる。

なお，インサイダー取引規制は形式犯として構成されているので，法令が定める一定の行為類型に該当すれば，利益を得ていなくとも，また「儲けよう」といった動機を有しなくとも，ただちにインサイダー取引規制違反となる。さらに，未公表の重要事実を知っている限り，当該重要事実に基づかずに売買等をしてもインサイダー取引規制違反が成立する点は，特に注意が必要である。

(2)　規制の全体像

規制対象となるインサイダー取引は，①会社関係者らによるもの（金商法166条）と，②公開買付者等関係者らによるもの（同法167条）の２つに分類できる。

また，金融商品取引法は，この他にも，両類型に関し，③株取引に関して，他者に利益を得させ，または損失を回避させる目的で内部情報を伝達させる行為や，株取引を推奨する行為についても規制している（同法167条の２）。

さらに，インサイダー取引の未然防止規制として，上場企業の役員や主要株主に対する売買報告義務（金商法163条）や短期売買利益提供義務（同法164条），空売り禁止規制（同法165条）を課す等の規定も設けられている。

これらのインサイダー取引規制の構造は，次のとおりである。

【インサイダー取引規制の構造】

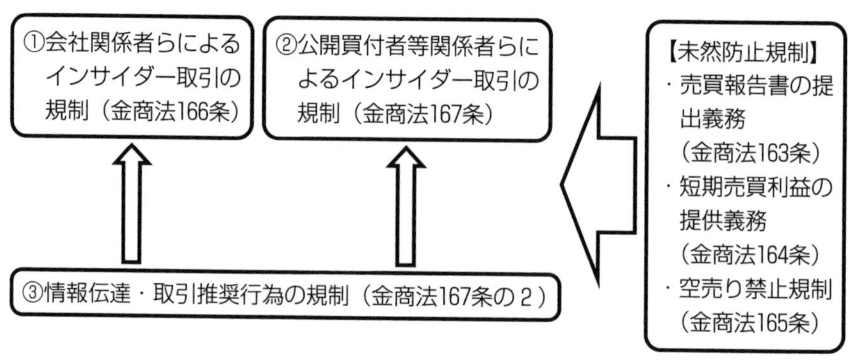

(3)　規制の内容

各違反行為の内容と罰則の詳細は，次のとおりである。

【各違反行為の内容と罰則】

●　各違反行為の内容

①　会社関係者らによるインサイダー取引の規制（金商法166条）

「会社関係者」または「第一次情報受領者」が，上場会社等に係る「業務等に関する重要事実（以下「重要事実」という）」を知りながら，その公表前に，当該上場会社等の株式等の売買等を行うことを禁止

②　公開買付者等関係者らによるインサイダー取引の規制（金商法167条）

「公開買付者等関係者」または「第一次情報受領者」が，上場会社等に関する「公開買付け等の実施に関する事実」または「公開買付け等の中止に関する事実」（以下，あわせて「公開買付け等事実」という）を知りながら，その公表前に，当該上場会社等の株式等の買付け等（対象が「公開買付け等の実施に関する事実」の場合）または売付け等（対象が「公開買付け等の中止に関する事実」の場合）を行うことを禁止

③　情報伝達・取引推奨行為の規制（金商法167条の2）

未公表の重要事実を知っている会社関係者または未公表の公開買付け等事実を知っている公開買付者等関係者が，他人に対し，公表前に売買等をさせることにより当該他人に利益を得させ，または当該他人の損失の発生を回避させる目的をもって，情報伝達または取引推奨することを禁止

●　罰　則

上記の規制に違反した場合には，

＊　課徴金

当該取引に係る売付け等（買付け等）（重要事実の公表前6か月以内に行われたものに限る）の価額と，重要事実公表後2週間の最安値（最高値）に当該売付け等（買付け等）の数量を乗じた額との差額（金商法175条および175条の2）

＊　刑事罰

5年以下の懲役もしくは5百万円以下の罰金またはこれの併科（金商法197条の2）

＊　法人については，５億円以下の罰金（金商法207条１項２号）

なお，上記③情報伝達・取引推奨行為の規制は，情報伝達・取引推奨を受けた者が，公表前に売買等をした場合に限り，課徴金および刑事罰の対象になる。

(4)　違反行為者の属性

また，会社関係者等と第一次情報受領者について，簡単に図示すれば，次のとおりである。

【違反行為者の属性】

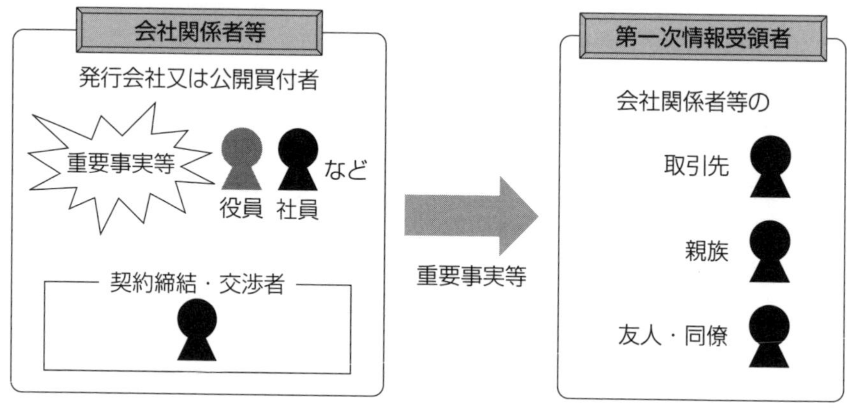

（出所）　証券取引等監視委員会の活動状況

✓　違反行為者の属性

上記のように，インサイダー取引に関する違反行為者は，「会社関係者」および「公開買付者等関係者」（以下「会社関係者等」という）と，「第一次情報受領者」に大別できる。

活動状況および課徴金事例集によると，2005年の課徴金制度の導入以降の累計ベースの違反行為者325名と，令和２年度におけるインサイダー取引を行った違反行為者８名の属性は，次のとおりである。

【インサイダー取引を行った違反行為者の属性】

	会社関係者				第一次情報受領者			
累計※	役員 5.2%	社員 21.2%	契約締結者等 16.0%	発行会社 0.9%	取引先 16.0%	親族 6.1%	友人・同僚 24.5%	その他 10.1%

※H17.4（課徴金制度導入時）からR3.3までの累計

	会社関係者	第一次情報受領者	
令和2年度	契約締結者等 37.5%	友人・同僚 37.5%	その他 25.0%

（出所）　証券取引等監視委員会の活動状況

このように，累計ベース，令和２年度とも，第一次情報受領者の割合が高く，累計ベースでは56.9%（185名），令和２年度でも62.5%（５名）を占める。

会社関係者等の内訳をみると，累計ベースで，社員と契約締結者等（契約締結者および契約締結交渉者）の割合が高くなっており，令和２年度では，すべて契約締結者等（３名）であった。

また，第一次情報受領者の内訳をみると，累計ベース，令和２年度とも，友人・同僚の割合が高くなっており，累計ベースで24.5%・185名，令和２年度で37.5%・３名となっている。

違反行為者を，「社内」（発行会社または公開買付者）の者と「社外」（契約締結者等または第一次情報受領者）の者で大別してみると，社外の者が，累計ベース（違反行為者325名に複数の属性を持つ者１名を加えた326名に対する割合）で72.7%，令和２年度で８名全員となっており，社外の者によるインサイダー取引の割合が高いことがわかる。

以上のように，全体の傾向としては，会社の役員または従業員がインサイダー取引を行うことも一定数認められるものの，契約締結上インサイダー情報を知り得た者，その他社外の友人・同僚に情報が伝達され，インサイダー取引が引き起こされている状況がみて取れる。

(5)　重要事実

「重要事実」とは，投資者の投資判断に著しい影響を与えると想定される，会社の運営，業務または財産に関する情報である。

重要事実は，上場会社等および子会社について，①「決定事実」，②「発生事実」，③「決算情報」，④「バスケット条項」に分類される（金商法166条２項）。

その詳細は，以下のとおりである。

【重要事実の各分類の内容】

● **決定事実**

決定事実とは，上場会社等または子会社の「業務執行を決定する機関」が，金商法所定の事項を「行うことについての決定」をしたこと（公表済みの決定事項を行わないことの決定を含む）である（金商法166条２項１号，金商法施行令28条）。

この「業務執行を決定する機関」とは，会社法上の機関でなくとも，実質的に会社の意思決定と同視される意思決定を行いうる機関であれば足りると解されている。つまり，各社の実情に照らして個別的に判断されるものであるが，株主総会や取締役会による正式な決議がされる前であっても，実質的な意思決定権限を有する会長や役員個人，また経営会議や経営委員会，常務会などが該当しうる。

また，「行うことについての決定」とは，行為に向けた作業を会社の業務として行う旨の決定をいい，上記の機関において行為の実現を意図して決定することを要するが，行為が確実に実行されるとの予測が成り立つことは要しないと解されている（最判平11・６・10〔日本織物加工事件〕）。

決定事実については軽微基準が定められており，その基準に該当すれば，類型的に投資家の投資判断に及ぼす影響が重要でなく，規制の必要性が低いものとして規制対象から除外される。

● **発生事実**

発生事実とは，たとえば，災害に起因する損害など，上場会社等において，一定の事実が発生したことである（金商法166条２項２号，金商法施行令28条の２）。

発生事実についても，軽微基準が定められている。

● **決算情報**

決算情報とは，上場会社等の決算に関する直近の予想値との比較で，企業が「新たに算出した予想値」または決算において一定以上の重要な差異が生じたことをいう（金商法166条2項3号）。

この重要性を判断する基準（重要基準）は，変動率が，売上高は増減10%以上，経常利益および純利益は増減30%以上等，配当予想の修正は増減20%以上とされている。

● **バスケット条項**

バスケット条項とは，上場会社等や子会社の「運営，業務または財産に関する重要な事実であって投資者の判断に著しい影響を及ぼすもの」をいう（金商法166条2項4号）。

通常の投資者がその事実を知った場合に，当然に売り買いの判断に影響を及ぼすと認められるような事実がこれに該当すると解されており，インサイダー取引規制の間隙をカバーする包括条項として機能している。

もっとも，バスケット条項は，「前3号に掲げる事実を除き」と規定していることから，一定の重要事実に該当する可能性があるものの，軽微基準の存在によってこれに該当しないと解される場合や，業績予想の修正に該当しうるも重要基準（取引規制府令51条）に該当しない事実は，原則としてバスケット条項に該当しないと解されている。

しかし，判例のなかには，決定事実等に該当しうるも軽微基準に該当するために重要事実に該当しないと判断しつつ，当該事実が決定事実等に「包摂・評価され得ない」別の側面がある場合について，バスケット条項に該当しうるとしたものがあることから（最判平11・2・16刑集53・2・1日本商事事件），事案ごとに種々の事情を総合判断する必要がある。

✓　重要事実等別の構成割合

活動状況および課徴金事例集によれば，2005年の課徴金制度の導入以降の累計ベースの違反行為者325名および，令和2年度においてインサイダー取引を行った違反行為者8名の，重要事実等別の構成割合は次のとおりである。

【重要事実等別の構成割合】

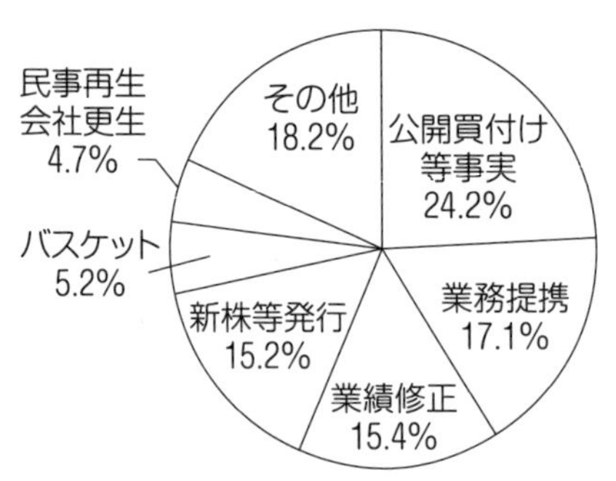

H17.4（課徴金制度導入時）からR3.3までの累計

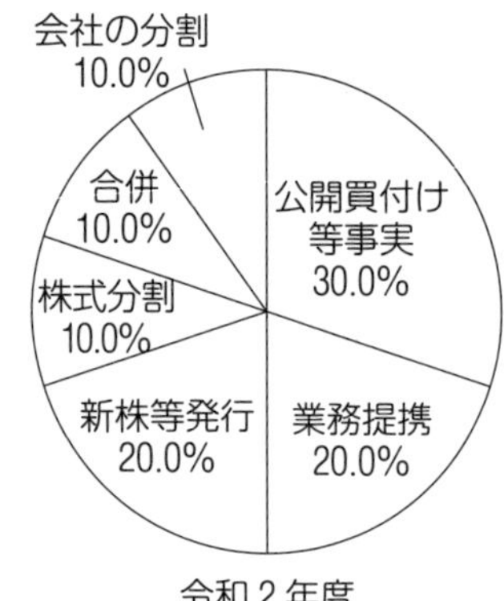

令和２年度

（出所）　証券取引等監視委員会の活動状況

累計ベース，令和２年度とも，「公開買付け等事実」，「業務提携」，「新株等発行」などが高い比率を占めている。

一般に，公開買付け等事実，業務提携など，社外のさまざまな関係者との契約締結・交渉を伴う場合には，重要事実等の決定から公表までの期間が長期化する傾向にある。このため，インサイダー取引規制が及ぶ期間が長くなり，その結果として重要事実等が拡散してしまい，ひいてはインサイダー取引のリスクが高まる傾向がみて取れる。このような場合には，会社においては，情報管理により一層の注意が必要である。

⑹　SESCが分析するインサイダー取引の要因・背景

前述のとおり，インサイダー取引規制は，法令上厳しい規制がなされているうえ，その監視も厳格になされている。それにもかかわらず，インサイダー取引は後を絶たない。

この点，課徴金事例集においては，依然として違反行為が後を絶たない状況について，その要因・背景として，以下のようなことが考えられるとしている。

【SESCの挙げるインサイダー取引の要因・背景】

■違反行為者の問題
- 重要事実または公開買付け等事実に基づいて株式を売買すれば確実に儲けられるとの誘惑
- 膨大な取引が行われており自分の取引は見つからないだろう，自己名義口座では取引できなくても，他人名義口座を利用すれば大丈夫だろうとの誤解
- 自分は取引できなくても，親しい知人には儲けさせてあげたいとの思惑
- 親しい知人の損失の発生を回避させてあげたいとの思惑

■上場会社等の問題
- 内部管理態勢や情報管理態勢等の不備があり，役職員のインサイダー取引を誘引
- 取引先等に重要事実を伝達することは，企業間の付き合いの1つだといった経営陣の甘い認識

このように，個人的な問題として，「重要事実を知ったうえで売買すれば確実に儲けられる」との誘惑に負け，他方で，「膨大な取引が行われており自分の取引は見つからないだろう」，「自己名義口座では取引できなくても，他人名義口座を利用すれば大丈夫だろう」といった，インサイダー取引に対する甘い認識がその原因と考えられている。

■より深く学ぶために

- 「金融商品取引法における課徴金事例集～不公正取引編～」（証券取引等監視委員会）

https://www.fsa.go.jp/sesc/jirei/torichou/20210624.html

課徴金事例を取りまとめた事例集であるが，SESCが，不公正取引の未然防止という観点から，上場会社等におけるインサイダー取引管理態勢の一層の充実等のために役立てることを目的として，最新の法令の内容，規制の内容，SESCからのメッセージやポイントについてのコラム等が記載されている。

第２　具体的な事案～M社のケース

1　事案の概要

金融持株会社であるＭ社は，グループ子会社の信託銀行であるＣ社が，2011年８月31日に，SESCより立入検査を受けた後，関係当局による調査に対して協力しながら，2012年３月14日に，社内の特別調査委員会を設置した。

⑴　第１事案

第１事案は，投資一任契約に基づきファンドの資産の運用を行っていたＣ社の社員（以下「社員Ａ」という）が，証券会社Ｎの営業担当社員から，Ｋ社の公募増資に関するインサイダー情報の伝達を受け，この事実が公表される前に，上記ファンドの計算において，同社の株式210株を，総額約１億円で売り付けたものである。これについて，2012年３月21日には，課徴金納付命令の勧告がなされている。

⑵　第２事案

第２事案は，３つの投資一任契約に基づき顧客財産の運用を行っていたＣ社の社員（以下「社員Ｂ」という）が，証券会社Ｎの営業担当社員から，Ｆ社の公募増資に関するインサイダー情報の伝達を受け，この事実が公表される前に，上記投資一任契約を締結している各顧客の計算において，同社の株式117万8,600株を，総額約１億８千万円で売り付けたものである。これについても，2012年５月29日には，課徴金納付命令の勧告がなされている。

⑶　第三者委員会の設置

これらの事態から，Ｍ社は，2012年４月９日に，特別調査委員会の調査の範囲，手法やプロセスなどの適切性等をさらに評価・確認するため，外部の専門家から構成される独立した第三者委員会を設置した。

2012年６月７日には，第三者委員会から，調査報告書（以下「調査報告書」という）が提出されている。

⑷　社員Ａおよび社員Ｂの状況

社員Ａは，証券会社Ｎから特に多くの接待・贈答を受けていたことはないものの，証券会社Ｎの営業担当社員とは，業務外の私的な相談を頻繁に行う等の個人的に親しい関係が形成されていた。

これに対し，社員Ｂは，証券会社Ｎの営業担当社員やその上司から，社内ルールに違反し，未届けでの接待，贈答等を受けていた。2010年４月から2011年１月までの１年弱の期間に，少なくとも39回にわたり合計約89万円分の接待を受け，少なくとも43回にわたり，合計約32万円分の贈答を受けていた。

このような経緯や当事者の関係について，簡単に図示すれば，次のとおりである。

【本件の関係図】

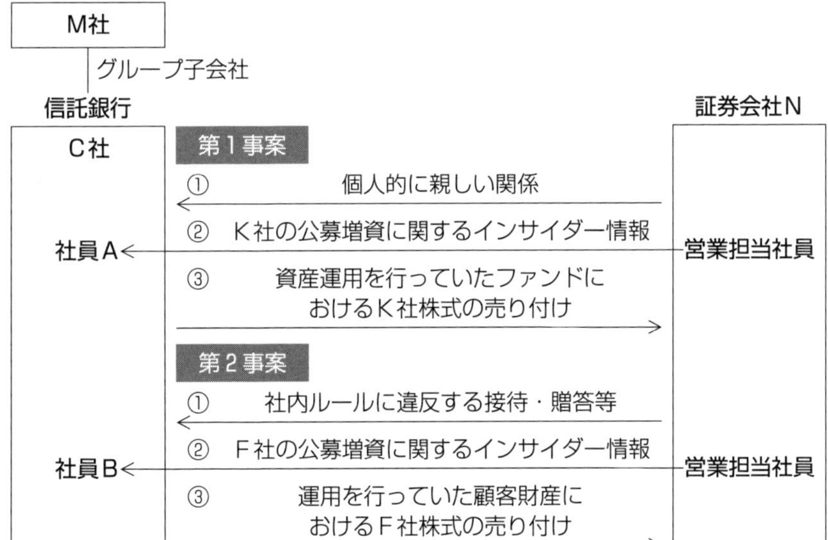

2　違反行為への当てはめ

第１事案，第２事案とも，インサイダー取引の違反行為のうち，「①会社関係者らによるインサイダー取引の規制」の類型である。

具体的には，両事案とも，信託銀行Ｃ社の社員Ａ，社員Ｂが，個人的に親しい関係の証券会社Ｎの営業担当社員から，「Ｋ社ないしＦ社の公募による新株式の発行の決定」（金商法166条２項１号イ）という，「未公表の重要事実」の伝達を受けたうえ，担当するファンド等の顧客財産の運用として，公募増資予定会社の株式の売却等の取引（公表前の売付けと公表後の増資への応募）を行ったというものである。

この場合，証券会社Ｎの営業担当社員は，証券会社Ｎが公募増資の主幹事証券会社としての指名を受け，公募増資予定会社との契約締結の交渉に際して，本件重要事実を知ったということから，「会社関係者」に該当することになる。そして，「会社関係者」である証券会社Ｎの営業担当社員から情報を得たＣ社の社員Ａ，社員Ｂは，「第一次情報受領者」に該当することとなる。

第３　内部統制上の問題点

1　本件インサイダー取引の発生原因

まず本件インサイダー取引について，Ｃ社の内部統制上，どのような問題点があったのであろうか。

(1)　調査報告書記載の発生原因

この点，調査報告書においては，第１事案および第２事案に共通する点として，次の３点が挙げられている。

【第１事案と第２事案との共通点】

① いずれの取引も，Ｃ社株式運用部に所属するファンド・マネージャーが行ったこと
② いずれの重要事実も，公募増資ファイナンス事案に関するものであること
③ いずれの取引も，証券会社Ｎが関係しており，同社の営業担当者からインサイダー情報を入手していること

このように，第１事案と第２事案は，上記のように共通点があるうえ，近接する時期に行われたものである。

このため，調査報告書においては，社員Ａおよび社員Ｂの属人的な要因に加え，Ｃ社株式運用部において組織的な問題が存在するのではないかとも疑われるとされており，「個別的な要因（社員Ａ，社員Ｂの属人的要因）」と「組織的な要因」に分けて，概要，次のような原因分析がされている。

【調査報告書における第１事案および第２事案の原因分析】

● 個別的な要因（社員Ａ，社員Ｂの属人的要因）

ア　証券会社の営業関係者との特別な関係

社員Ａおよび社員Ｂのいずれについても，証券会社Ｎの営業担当者との間に度を越した親密な関係が形成されていたことから，警戒感を抱くことなく，漫然とインサイダー情報に該当する可能性のある情報の伝達を受けてしまった。

イ　インサイダー情報管理に関する認識の甘さ

社員Ａは，証券会社Ｎの営業担当者から告げられた情報について，市場の噂等としてよく聞く類の話であり，証券会社Ｎ社内の情報隔壁がある以上，インサイダー情報に該当するとは認識していなかった。

このため，当該情報を判断根拠の１つとして売買取引を行ってもインサイダー取引には該当しないと認識していたと述べている。

また，社員Ｂも，特段の意識もないまま，情報を聞いてしまい，他の要素と一緒に投資判断の一部としてしまったとの認識を述べている。

以上からすると，両名ともに，インサイダー情報に該当する可能性があるという警戒感を抱くことなく，漫然と当該情報を得てしまっていた。

● 組織的な要因

ア　Ｃ社における証券会社評価の仕組みは，証券会社の営業担当者による過度な営業活動を誘引するものであったこと

Ｃ社の証券会社評価において，評価全体の限定的な比率とはいえ，証券会社営業担当者個人に対して，投票する形式での評価が行われていた。

評価を受ける個々の証券会社営業担当者からみれば，自己の評価を高めるため，時には行き過ぎた営業を行いかねない可能性を孕んだ制度・運営であったとも考えられる。この点は，第１事案，第２事案に共通する。

イ　Ｃ社株式運用部はフラットな組織であり，各ファンド・マネージャーに対する行動管理態勢が不十分であったこと

Ｃ社株式運用部がフラットな組織であり，上席者による各ファンド・マネージャーに対する行動管理や，ファンド・マネージャー間における相互牽制が働きにくい風土であったことが，組織的な要因の１つである。

ウ　内部通報制度が活用されていなかったこと

内部通報制度が十分に機能していれば，何らかの不審な兆し等が把握でき，未然防止につながった可能性があるところ，同制度が必ずしも機能していなかった。

公募増資における主幹事証券会社の営業担当者としては，まとまった数量の応募を獲得するため，C社のような運用会社や機関投資家のファンド・マネージャーに対し，より強く営業攻勢をかける動機が働く。また，C社の証券会社評価において，証券会社営業担当者個人に対して投票する形の評価が行われていたことから，評価を受ける側の営業担当者から見れば，時には行き過ぎた営業を行いかねない状況にもあった。

こうしたことも背景となって，証券会社営業担当者と運用会社のファンド・マネージャーとの間に密接に接触を持つ，特別な関係ができあがった。他方で，ファンド・マネージャーにおいては，そのような証券会社営業担当者との間で何気なく聞いた情報に対しても，インサイダー規制に対して警戒感を抱くことなく，漫然と取引を行ってしまった。

このようなことが，第1事案および第2事案の発生原因となっている。

(2)　インサイダー取引がなぜ発生したのか

両事案ともに，公募増資が決定され，それが未公表の状態において売り抜きながら，その後公表された後，公募増資に応募して割当てを受ければ，不自然な取引に当たることは明らかである。

この点，課徴金事例集においても，「証券監視委は，重要事実等の公表前にタイミング良く売買している者に対する調査（必要に応じて自宅や勤務先等への立入検査を実施）を行っているが，調査に当たっては，取引を行った本人はもとより，勤務先等の関係者に対しても幅広い調査を実施しており，違反行為があれば容易に把握することが可能である」，「課徴金勧告は，取引規模や課徴金額の大小にかかわらず実施している」と指摘されているところである。このように，違反行為者の認識不足・理解不足が，多くのインサイダー取引の要因になっていることがうかがわれる。

組織としては，このような認識で，インサイダー取引を行う可能性があることを前提に，取引を規制する手段を講じなければならない。それにもかかわらず，C社において適切な管理体制を構築していなかったことも，インサイダー取引を発生させた原因の１つに挙げられるだろう。

2　改善のポイント

では，Ｃ社としては，管理体制をどのように改善すべきであろうか。

(1)　Ｃ社における再発防止策

調査報告書によれば，Ｃ社においては，再発防止策として，証券会社営業担当者からインサイダー情報を聞いてしまう機会を極小化し，万が一伝達を受けてもその管理を徹底する態勢を整備すること等を主眼として，

① 組織体制の強化，見直し
② 業務運営の厳格化
③ 経営管理，各種管理態勢に係る対応
④ コンプライアンス意識の醸成，企業風土の構築や倫理観の浸透
⑤ 再発防止策の進捗・定着状況のモニタリング

に分類して，再発防止策を策定している。

具体的には，以下のとおりである。

【Ｃ社における再発防止策】

1　組織体制の強化，見直し

(1)　運用ミドル部署の牽制機能強化

モニタリング機能を担う受託監理部を受託事業から独立させ，コンプライアンス統括部統括役員の直轄とすることで，運用部門のコンプライアンスについては，受託監理部とコンプライアンス統括部が同部門に対する牽制機能を果たし，重層的に統括する。

(2)　インサイダー取引防止に特化した内部監査の実施

社長直轄の内部監査部による，運用部門におけるインサイダー取引防止に特化した監査を継続的に実施する。

(3)　運用部門の管理体制強化のための役員体制等の見直し

コンプライアンス統括部統括役員，受託事業運用業務担当役員を各々，管理態

勢に習熟した者に変更し，あわせて，株式運用部長，受託監理部長，内部監査部長についても同様の措置を実施する。

2　業務運営の厳格化

⑴　証券会社営業担当者との接触禁止

「証券会社等との接触等に関するガイドライン」を制定し，運用担当者の証券会社営業担当者との接触を原則全面禁止とする。

⑵　外部から入手した情報の取扱ルール厳格化

運用部門において，インサイダー情報やその可能性がある情報を入手した場合は，受託監理部のみに報告し，受託監理部において管理要否の判断，売買執行停止を行うことで，管理漏れの防止，無用な情報拡散を防止する厳格な管理体制を構築する。

⑶　短期売買，高出来高銘柄売買等の異例取引の全件チェック

運用部門から独立した受託監理部による全取引の検証態勢を構築する。

⑷　運用担当者の対外通話の全件記録と検証態勢強化

受託監理部により運用担当者の1営業日中のすべての通話内容について確認を行うサンプルモニタリングを開始する。

⑸　個別株自己売買の禁止

個人の個別株売買については，「有価証券等の自己売買に関する規程」において，運用部門においては原則禁止とする旨規定する。

⑹　コンプライアンス研修等の強化

全社ベースでの強化策として各店部ベースでの勉強会を含め，年2回の研修を追加し，年4回の研修態勢とする。

⑺　取引証券会社のコンプライアンス体制のチェック

違法行為抑止の観点から，信託業務等に関し証券会社と取引を行うに際して，証券会社のコンプライアンス体制について，ヒアリングやアンケート等によりチェックすることを検討する。

3　経営管理，各種管理態勢に係る対応

⑴　証券会社評価

売買発注に係る証券会社評価について，営業担当者個人に投票する運営は行わず，証券会社側がファンド・マネージャーとの関係を必要以上に深めるインセンティブを排除する。

⑵　**人事管理・行動管理**

業務日誌の作成を全職員に義務づけるとともに，全職員に配布しているビジネスマナーハンドブックにおいて，ホワイトボードやスケジュール表に行き先と帰社時間を記入すると同時に他の職員に声をかけることを基本行動として周知徹底する。

⑶　**接待贈答等管理**

運用部門の所属員の証券会社との接待贈答は全面禁止とするとともに，証券会社以外の先との接待贈答については，一覧性のある管理票で状況を管理する。

⑷　**コンプライアンス統括部等の体制強化**

コンプライアンスに関する態勢等については，各事業の特性に応じたルールを全社ルールに上乗せするなど実態に即したルールを整備する。

⑸　**内部監査態勢**

内部監査態勢に関しては，深度あるリスクの洗い出し強化の観点から，内部監査計画策定に際し留意すべきリスク事項の洗い出しを行い，親子会社間で共有するなど態勢を整備する。

4　コンプライアンス意識の醸成，企業風土の構築や倫理観の浸透

⑴　**受託者精神に立脚した自己規律の浸透のための全社的活動**

グループディスカッションの場において，フリーなディスカッションを継続的に実施し，各現場，各個人レベルでの信託の規律，コンプライアンスに関する意識の醸成やチームワークの向上を図る。

⑵　**「コンプライアンス意識に関するアンケート調査」の継続的実施**

アンケート調査の実施により，全役職員のコンプライアンス意識を高く維持するとともに，顧客資産を預かり運用する信託銀行の役職員にとって必要な倫理観やコンプライアンス意識の浸透度を継続的に確認し，コンプライアンスに関する施策のPDCAサイクルの確立に活用する。

⑶　**コンプライアンス統括部に「研修チーム」を新設**

コンプライアンス統括部に，研修チームを新設し，全社ベースのコンプライアンス研修の企画・立案，各部との連携・調整を実施する。

⑷　**コンプライアンスの重要性に関する役員に対する定期的な研修**

経営陣自らが，金融機関経営の土台としてのコンプライアンスの重要性や社会的要請等を常に認識し，職員への指導をより充実させる目的で，年に1回以上の役員研修を実施する。

(5)　**内部通報制度の活性化**

通報の情報の秘匿性は守られ，通報者に不利益がないこと，匿名でも，かつ弁護士にも通報が可能であることを再度周知教育し，C社の職員が親会社にも通報可能とするなど心理的障壁を低め活用されやすい内部通報制度を構築する。

5　再発防止策の進捗・定着状況のモニタリング

上記の再発防止策の進捗・定着状況について，経営会議等および取締役会においてモニタリングを行うことに加え，法律事務所等の外部専門家によるモニタリング体制を構築する。

このようにインサイダー取引を起こさせない仕組みとして，たとえばインサイダー情報を入手するリスクを排除するために，証券会社営業担当者との接触を「原則」として禁止することを挙げている。このような仕組みを制度化する場合，ある程度「現実的な」施策とすることができるかという点がポイントとなる。

調査報告書によれば，「例外」的に，接触記録やログが残る会社設置の電話やメールによる接触や，複数の運用機関が参加するセミナー等での間接的な接触までは制限せず，業務上必要な情報収集活動までは支障が及ばない運営としている，とされている。このような再発防止策により，業務に支障が出てしまい，現場で業務が混乱し，再発防止のためのルールが守られないケースが常態化すること，その結果，なし崩し的にルールが形骸化していくということが発生することもある。

したがって，再発防止ルールが適正であるか，例外的な措置を設けた場合には，その範囲や内容が適切であるかについて，継続的にモニタリングし検証を行っていくことが必要である。

【本件のポイント】

インサイダー取引を未然に防止するための仕組み
→業務に支障のない「適切な」範囲にすることができるか

なお本件は，金融機関におけるインサイダー取引事案であったが，一般事業会社においても，重要事実の管理体制を検証することが重要である。

上場会社においては，通常，インサイダー取引を未然に防止するため，内部者取引管理規程が定められていると考えられる。その規程どおりの運用となっているか，たとえば，資料等を社内サーバ等に保存する場合に，閲覧権限が適切に設定されているか，特に離任者がいた場合に，その閲覧権限が速やかに解除されているか等について，チェックすることが有用であろう。

(2)　インサイダー取引についての甘い認識を捨て去ること

上述のとおり，内部者取引管理規程等を整備し，インサイダー取引を未然に防止するための仕組みを整備し，それに沿った運用を行うことは重要である。

しかしながら，どんなに社内規程を整備し，周知しても，役職員1人ひとりの規範意識が低ければ，意図的なインサイダー取引を防止することは難しいことも，また事実である。

そのため，インサイダー取引の防止のための研修等においては，単に法令や禁止事項の説明にとどまらず，インサイダー取引に対する甘い認識が生じないよう，インサイダー取引違反を行った場合にどのような影響・サンクションがあるかを，現実的な危機感を持たせるように説明し，理解させることが重要である。

この点，課徴金事例集においても，インサイダー取引の防止研修等においては，単に法令や禁止事項の説明にとどまらず，SESCの勧告事例や事例集における記載等も活用のうえ行うことが有効であるとされている。この場合，次のような事項について，インサイダー取引によって失うものが決して小さくないことについて，全役職員にわかりやすく説明し，理解させることが重要である。

【課徴金事例集が挙げる研修等で触れるべきポイント】

- 少額の取引や知人や友人・同僚に依頼した借名取引であっても，インサイダー取引として取り締まりの対象となること
- インサイダー取引が行われると，違反行為者だけではなく，インサイダー情報の決定・発生経緯，社内における情報の伝達状況等を調査するために，上司，同僚，部下までもがSESCによる調査の対象となり，また，取引先へ伝達した場合には，取引先も調査の対象となること
- 課徴金といった処分以外にも，社内規程等に基づく処分が下されることがあること
- インサイダー取引による利得額を上回る課徴金を課されている事例があること

研修等には，一定の費用や時間などの各種コストがかかることも事実である。しかし，自社の役職員がインサイダー取引を行い，またはこれらの取引に関与することとなった場合には，自社の管理態勢等について，投資家や消費者から厳しい目が向けられ，結果として，市場からの信頼も失う事態となる。

したがって，上場会社においては，インサイダー取引から役職員を守ることが，結果として自社を守ることにもつながるとの意識を持って，実効性のある社内規程の整備，役職員への周知徹底を図りながら，インサイダー取引防止に努めることが重要である。

第４　内部監査の問題点

1　内部監査の状況

調査報告書によれば，Ｃ社の内部監査について，信託専業銀行という特性をふまえたリスクの洗い出しなど，信託専業銀行という特性をふまえたリスクに関する認識が十分ではなかった，とされている。

信託銀行は，常に重要事実に触れるおそれがある金融機関であるから，インサイダー取引についての一般的な内部監査は，実施されていただろう。しかし，両事案は，ファンド・マネージャーと証券会社営業職員の親密な関係のなかで，「会社関係者」である証券会社営業職員から，Ｃ社のファンド・マネージャーを「第一次情報受領者」として発生した，インサイダー取引である。このような具体的な状況をふまえたうえでの，有効な内部監査までは実施できていなかったものと推測される。

2　改善のポイント

調査報告書によれば，Ｃ社は，組織体制の強化や見直しとして，社長直轄の内部監査部による，運用部門におけるインサイダー取引防止に特化した監査を継続的に実施するとされている。

運用部門を中心とした具体的な監査手順を定めるとともに，市場フロント部署だけではなく，受託監理部やコンプライアンス統括部も監査対象として含めており，態勢全般の監査となっているとのことである。また，内部監査態勢に関しては，深度あるリスクの洗い出し強化の観点から，内部監査計画策定に際し，留意すべきリスク事項の洗い出しを行い，持株会社・子会社間で共有するなどの態勢整備を行っているとされている。

とはいえ，「重要事実を知ったうえで売買すれば確実に儲けられる」という，インサイダー取引への誘惑は常に存在している。したがって，態勢整備をいくら行ったとしても，インサイダー取引の危険性についての認識が形式的なものにとどまり，具体的なリスクについて認識できていない職員が存在するとすれば，そのような小さな「ほころび」から，会社全体のリスクに発展する危険性がある。

したがって，インサイダー取引によるリスクを最小化するには，このようなリスク認識に対する継続的な取組みが不可欠である。このため，内部監査部門が，定期的に自社の運用が適切に行われているか，社内規程や情報管理体制が形式的なものとなっていないかという点について，継続的に検証していくことが重要である。

さらに，インサイダー取引として規制される内容は，法改正により，変更となる可能性もある。

このため，SESCの勧告事例や事例集等も活用しながら，自社の体制や取組みが適切かについて，定期的に確認していく姿勢が重要であろう。

【内部監査の改善のポイント】

「重要事実を知ったうえで売買すれば確実に儲けられる」との誘惑は常に存在
→内部監査部門の定期的かつ継続的な体制や取組みの検証が必要

【本件から学ぶインサイダー取引に関する内部監査のポイント】

①　インサイダー取引に関する内部統制状況の確認

□　自社の事業に合わせたインサイダー情報の管理体制の確認

- 自社で重要事実が決定・発生する場合の関係者の株取引の規制の体制
- 取引先の重要事実を認識した場合の関係者の株取引の規制の体制

について，それぞれインサイダー取引の防止のための社内規程や監視体制が機能しているか，形だけの規制になっていないか確認

⇒SESCの活動状況や課徴金事例集をふまえ，規制に漏れがないか確認

□　インサイダー取引防止のための研修

→単に法令や禁止事項の説明にとどまらず，インサイダー取引に対する甘い認識が生じないよう，インサイダー取引違反を行った場合にどのような影響・サンクションがあるか，現実的な危機感を持たせるような内容になっているか確認

②　インサイダー取引の事実発生の有無の確認

□　規制の対象となるインサイダー取引

- 会社関係者らによるインサイダー取引の規制
- 公開買付者等関係者らによるインサイダー取引の規制
- 情報伝達・取引推奨行為の規制

→それぞれの法令上の定義・内容・SESCの勧告事例や事例集等を確認

＊自社の事業（発行事業会社か，有価証券の取扱いを行う金融会社か等）との関係でインサイダー取引が起こりうる部署等はないか

□　インサイダー取引が発生していないか

→会社関係者でSESCからの問い合わせを受けた者がいないか，重要事実に接する機会のある役員等を含めた職員のインサイダー取引についての噂や内部通報から社内の情報を積極的に収集。特に，上記した自社の事業との関係でインサイダー取引が起こりうる部署等に着目して調査

□　インサイダー取引が発見された場合は，規制当局との連携，および再発防止のためのその事実確認と原因分析（会社の管理体制の穴がないか調査）

★　インサイダー取引に関する内部監査については，「重要事実を知ったうえで売買すれば確実に儲けられる」との誘惑は常に存在しており，小さなほころびから，会社全体のリスクに発展する危険性がある

→内部監査部門の継続的な取組み，定期的な検証が重要

【Advance】内部監査部門の内部統制・全社的リスク管理体制の整備への活用（内部統制・リスク管理体制の見直し，グループ全体への体制強化）

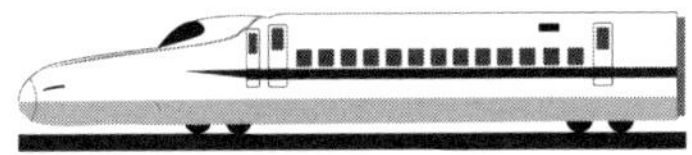

① わが国における内部監査部門の現状と問題点

内部監査制度は，会社の業務が経営方針や，各種法令，社内規定等に従い，効率的に行われているか検証する機能であり，「内部統制システム」の構成要素の重要な一部である。

しかし，現実的には，多くの上場会社において，内部監査は，形式的には備わっていても実質的に機能していない，すなわち，内部監査部門が質や量ともに十分であるとはいえない，と指摘されることも少なくない。

✓ フォローアップ会議（第25回）での議論

たとえば，スチュワードシップ・コード及びコーポレートガバナンス・コードのフォローアップ会議（第25回）で議論された内部監査部門の充実と質の向上に関して，次のようなコメントがあったとされている。

- 日本ではどうしても内部統制やリスクマネジメントを単なる守りと見なして，コストをできるだけかけたくないとする風潮がいまだに相当残っているような気がしますが，欧米ですと，もっと人手もお金もかけて，内部統制部門や監査委員会等の活動の原資にしているわけで，この辺の旧来の日本型のメンタリティーも変える必要があるのではないかと思います。
- 内部監査部門の対象は，コンプライアンスや財務報告に係る内部統制にとどまらず，財務・計算業務，経営の全般に及び，特にガバナンスプロセスの改善や新たな措置のための提案も行うという積極的な役割も期待されていると思われます。

……

有益かつ信頼に値する内部監査を行うためには，内部監査部門は監査の対象から独立している必要があり，また，先ほど述べたようにカバーする領域が広範に及ぶことから，様々な専門知識を有する人材が豊富に存在することによって初めて，質の高い内部監査が行われ得ると思います。

- 社員にとってというか，内部監査に配属される者にとってみれば，そこでの仕事というのは業務全体，もしくは経営を見渡せる，そういう非常にいい位置にある。そういう意味で，内部監査部門に数を投入する，これは当然のこととして，やはり質の高い人材も投入すべきだと思います。それによって，内部監査部門の経験者の中から将来の経営層が出てくる，そういうことも想定できるのではないのかと思います。
- 内部監査については，ほかの委員の皆様もおっしゃっておられましたけれども，大変重要な課題だと思います。ただ，これはイギリスの企業に聞いてもそうなんですが，ガバナンス改革が始まった当初，内部監査部門というのは，ウオッチドッグといって，口うるさい人たちが集まるという，決してマネジメントから見ると，好まれているようなところではなかったというところからスタートしているということです。日本の今の発展の在り方というのも，こういう同じような流れなのかなと思って見ております。

  そういう中で，先ほどほかの委員もおっしゃっていましたけど，内部監査部門というものがそういう，やや嫌な，嫌がられているウオッチドッグのような部門ではなく，今後，マネジメント階層に進む中で必要な，業務全般のリスクも含めて見渡せるという，そういうキャリアパスとして使われている会社も，昨今，商社等であるとのお話も聞きます。そのため，こういう使い方というのをすることで，内部監査部門の重要性というもの，そしてそういったものを意識した経営層というところにも，つながるのではないかと思います。

※議事録から抜粋（下線筆者）

このように，わが国企業においては，内部監査体制を，中長期的な企業価値向上を支える仕組みとして戦略的に活用できていない，またその人材についても，内部監査が持つ全社的な業務全般を見渡せるといった特性を活かし，その経験をキャリアパスのなかにいかに組み込むかといった戦略的な視点に欠け，内部監査人として必要な専門スキルも不足しているケースが多い，といった問題点が指摘されている。

これに対し，グローバル企業では，経営トップが内部監査の重要性を認識し，社内に働きかけを行っており，内部監査部門が法令遵守にとどまらず，事業全体に関わるすべてのリスクを対象としている。

また，人材についても内部監査部門を，リーダー育成ハブとして活用しており，「内部監査の専門性」と「事業への理解」のバランスの取れたスキルミックスで人員を構成していることが多い。

以上のような議論を前提とすれば，今後，わが国においても，「守り」の側面は当然のこと，全社的なリスクを俯瞰しながら「攻め」を担える人材を育成するために，内部監査部門の積極的な活用が望まれる。

②　今後の内部監査部門のあり方～内部監査部門の充実と質の向上

以上のような背景や問題意識のもと，2021年CGコードの補充原則4－3④において，取締役会がグループ全体の内部統制や全社的リスク管理体制の運用状況の監督をするにあたり，内部監査部門が積極的に関与することが明示された。

2021年CGコードは，従来，どちらかといえば「守りの部門」ととらえられていた，わが国の内部監査部門の機能を，より経営として積極的に活用することを求めている。

✓　内部監査部門でのキャリアアップ

内部監査部門での経験は，ビジネスキャリアとして，非常に有用なものとなる可能性がある。

たとえば，内部監査部門において内部監査実務を経験することにより，第三者の視点で，会社の仕組みやビジネスの流れを知り，会社やグループ会社も含めたグループ全体のリスクを俯瞰することができる。したがって，内部監査部門における経験は，自社のビジネスを，より多面的に知ることとなり，ビジネスパーソンの経験として，非常に貴重なものである。すなわち，内部監査部門において業務経験を積むことは，自身の幅を拡げるための有効な手段となりうる。

企業としては，このような経験を積むことができる内部監査部門を，キャリアアップのための1つの登竜門として，攻守ともにバランスの取れた会社経営に資する人材を育てていくことを考えるべきであろう。そして，攻守ともにバランスを取れた人材を育成することにより，多様な人材を確保し，自社の持続的な成長や中長期的な企業価値向上につなげていくことができる。

前述のように，わが国における「内部統制やリスクマネジメントを単なる守りとみなして，コストをできるだけかけたくないとする風潮」や「やや嫌な，嫌がられているウオッチドッグのような部門」を脱するため，何よりも経営者層をはじめとして，内部監査の重要性のみならず，その戦略的活用について意識を変えていくこと，さらには組織風土の改革が必要である。

【内部監査部門の積極的活用】

内部監査実務の業務経験 →ビジネスキャリアとして有効 →人材の積極活用

このように，2021年CGコードが内部監査部門に求めることは，わが国における内部監査機能の変革である。各社がこの変革の必要性を認識し，内部監査部門が積極的かつ戦略的に活用されることを期待したい。

第 6 章

コンプライアンス違反の具体的事例⑤～独占禁止法～

第1　基礎知識

1　独占禁止法コンプライアンスの実効性確保の重要性

近時，国家的プロジェクトであるリニア中央新幹線工事に関する入札談合事件をはじめ，国内外で，カルテルや入札談合に関する事件のニュースが報じられている。

独占禁止法は，市場における公正かつ自由な競争を促進していくことを目的とし，カルテル，談合などの反競争的行為を厳格に規制している。カルテルや談合を行えば，公正取引委員会からは排除措置を命じられ，課徴金や損害賠償を請求される可能性があるほか，刑法上の談合罪に処せられることもある。さらに，指名停止措置も課されることとなり，企業の社会的信用を大きく失墜させる。

したがって，このような独占禁止法違反に伴うさまざまな損害を防止するために，企業のリスクマネジメントの1つとして，独占禁止法コンプライアンスを向上させていくことが必須である。

(1)　国際競争の観点からも重要

また，独占禁止法コンプライアンスの推進は，企業の国際競争の観点からも必要である。

わが国の独占禁止法のように，市場における公正で自由な競争の実現を目指す法律は，世界では，広く一般に「競争法」（Competition Law）と呼ばれている。現在，経済のグローバル化，市場経済化の流れを受けて，世界各国・地域で，競争法の整備が進んでいる。換言すれば，企業が行ったカルテル，談合などの反競争的行為は，わが国は当然のこと，他の多くの国・地域においても，違法な行為として処分されうることを意味している。

すなわち，グローバルな競争に晒されている企業ほど，独占禁止法コンプライアンスは，経営上のリスク管理・回避において，必要不可欠なツールである。

⑵　令和２年度公正取引委員会年次報告

ところが，令和２年度公正取引委員会年次報告によれば，最新の2020（令和２）年度における処理件数を行為類型別にみると，私的独占３件，価格カルテル７件，入札談合１件，受注調整（入札談合のうち，民需におけるもの）１件，その他のカルテル２件，不公正な取引方法73件，その他４件となっている。

すなわち，近時においても年間91件と，相当数の審査事件があることがわかる。

【公正取引委員会の2020（令和２）年度審査事件（行為類型別）一覧】

行為類型＼処理		排除措置命令	確約計画の認定	終了（違反認定）	警告	注意	打切り	合計
私的独占		1	0	0	0	1	1	3
不当な取引制限	価格カルテル	6	0	0	0	1	0	7
	入札談合	1	0	0	0	0	0	1
	受注調整	1	0	0	0	0	0	1
	その他のカルテル	0	0	0	0	2	0	2
	小計	8	0	0	0	3	0	11
不公正な取引方法	再販売価格の拘束	0	0	0	0	5	0	5
	その他の拘束・排他条件付取引	0	3	0	0	2	1	6
	取引妨害	0	0	0	0	4	0	4
	優越的地位の濫用	0	3	0	0	47	0	50
	不当廉売	0	0	0	0	5	0	5
	その他	0	0	0	0	2	1	3
	小計	0	6	0	0	65	2	73
その他		0	0	0	0	4	0	4
合計		9	6	0	0	73	3	91

（出所）　令和２年度公正取引委員会年次報告

(3)　法的措置にまで至った件数

法的措置にまで至った事件は，2016（平成28）年度から2021（令和3）年度の5年間で60件に及んでおり，年間10件を超える割合で発生している。

なお，2020（令和2）年度の法的措置（排除措置命令および確約計画の認定）は15件であり，この内訳は，私的独占1件，価格カルテル6件，入札談合1件，受注調整1件，不公正な取引方法6件となっている。

【法的措置件数（行為類型別）の推移】

行為類型＼年度		28	29	30	元	2	合計
私的独占		0	0	0	1	1	2
不当な取引制限	価格カルテル	1	1	1	6	6	15
	入札談合	5	5	3	3	1	17
	受注調整	3	5	3	0	1	12
	小計	9	11	7	9	8	44
不公正な取引方法	再販売価格の拘束	1	0	0	2	0	3
	その他の拘束・排他条件付取引	1	0	0	1	3	5
	取引妨害	0	0	1	0	0	1
	優越的地位の濫用	0	0	0	0	3	3
	その他	0	1	0	0	0	1
	小計	2	1	1	3	6	13
その他		0	1	0	0	0	1
合計		11	13	8	13	15	60

（出所）　令和2年度公正取引委員会年次報告

(4)　排除措置命令となった事件

2020（令和2）年度において排除措置命令となった事件は，次のとおりである。

【2020（令和2）年度における主な排除措置命令事件】

私的独占	○マイナミ空港サービス㈱に対する件
価格カルテル	○愛知県立高等学校の制服の販売業者に対する件
入札談合	○山形県が発注する警察官用制服類の入札等の参加業者に対する件
受注調整	○東海旅客鉄道㈱が発注するリニア中央新幹線に係る品川駅および名古屋駅新設工事の指名競争見積りの参加業者に対する件

（出所）「令和2年度公正取引委員会年次報告」記載をもとに作表

入札談合には，発注者が国・自治体等に係る入札談合（いわゆる官製談合）と，発注者が民間企業に係る入札談合（いわゆる受注調整）とがある。

入札談合事件としては，一般的には発注者が国・自治体等に係る事件が圧倒的に多いが，近年では発注者が民間企業である事件も増えてきている。

2　法的規制

(1)　独占禁止法の概要

独占禁止法は，正式名称を「私的独占の禁止及び公正取引の確保に関する法律」という。

独占禁止法の目的は，公正かつ自由な競争を促進し，事業者が自主的な判断で自由に活動できるようにすることである。市場メカニズムが正しく機能していれば，事業者は，自らの創意工夫によって，より安くて優れた商品を提供して売上高を伸ばそうとする。また，消費者は，ニーズに合った商品を選択することができ，事業者間の競争によって，消費者の利益が確保されることになる。このような考え方に基づいて競争を維持・促進する政策は，「競争政策」と呼ばれている。

また，独占禁止法の補完法として，下請事業者に対する親事業者の不当な取扱いを規制する「下請法」がある。

(2) 独占禁止法等の規制内容

独占禁止法等の規制内容としては，以下のようなものが挙げられる。

【独占禁止法の規制内容】

● **私的独占の禁止**

私的独占とは，「事業者が，単独に，又は他の事業者と結合し，若しくは通謀し，その他いかなる方法をもつてするかを問わず，他の事業者の事業活動を排除し，又は支配することにより，公共の利益に反して，一定の取引分野における競争を実質的に制限すること」を指す（独占禁止法2条5項・3条）。すなわち，事業者が，販売価格を不当に低く設定するなどして，他の事業者を排除したり，新規参入を妨害したりする行為である。

私的独占には，「排除型私的独占」と「支配型私的独占」とがある。排除型私的独占とは，事業者が単独または他の事業者と共同して，不当な低価格販売などの手段を用いて，競争相手を市場から排除したり，新規参入者を妨害して市場を独占したりしようとする行為である。これに対し，「支配型私的独占」は，事業者が単独または他の事業者と共同して，株式取得などにより，他の事業者の事業活動に制約を与えて，市場を支配しようとする行為である。

私的独占が行われると，価格・品質などに優れる新規参入者などが排除されることとなる。その結果，品質向上のための工夫など，消費者のための企業努力が行われなくなるおそれがあるため，禁止される。

● **不当な取引制限の禁止**

不当な取引制限とは，「事業者が，契約，協定その他何らの名義をもつてするかを問わず，他の事業者と共同して対価を決定し，維持し，若しくは引き上げ，又は数量，技術，製品，設備若しくは取引の相手方を制限する等相互にその事業活動を拘束し，又は遂行することにより，公共の利益に反して，一定の取引分野における競争を実質的に制限すること」を指す（独占禁止法2条6項・3条）。すなわち，複数の事業者が，他の事業者との競争を回避するために，カルテルや入札談合など事業者同士で合意を結び，実質的に競争を制限する行為である。

「カルテル」とは，事業者または業界団体の構成事業者が相互に連絡を取り合い，各事業者が自主的に決めるべき商品の価格や販売・生産数量などを共同で取り決める行為をいう。また「入札談合」とは，国や地方公共団体などの公共工事や，物品の公共調達に関する入札に際し，事前に受注事業者や受注金額などを決めてしまう行為をいう。

不当な取引制限によって，複数の事業者が共同して何らかの事業活動を行い，競争を回避することによって競争の機能が実質的に制限されてしまうため，禁止される。

● 不公正な取引方法の禁止

不公正な取引方法とは，「独占禁止法2条9項1号から5号で定められた行為，および公正な競争を阻害するおそれがあるもののうち独占禁止法2条9項6号に基づき公正取引委員会が指定したもの」を指す（独占禁止法2条9項1号～6号・19条）。すなわち，取引の際，不当な対価を用いたり，他の事業者を差別して扱ったりするなどして，市場競争を制限する行為である。主なものは，不当な取引拒絶，国内価格が国外価格より安い二重価格，不当な廉売，多額の景品付けなどの不当誘引，不当強制，取引上の優越的地位の不当利用，競争者への妨害などである。

不公正な取引方法に対する規制は，競争の実質的制限に至っていなくとも，公正な競争を阻害するおそれのある行為を規制して，私的独占やカルテルの予防ないしは補完をするものである。

● 企業結合の規制

企業結合とは，「複数の企業が，合併を行うなどして結合すること」を指す。独占禁止法では，市場競争の促進のため，「他の事業者による競争を制限するような企業結合」について禁止している（独占禁止法10条・13条～17条）。

● 事業者団体の規制

事業者団体の活動として，事業者団体による競争の実質的な制限，事業者の数の制限，会員事業者・組合員等の機能または活動の不当な制限，事業者に不公正な取引方法をさせる行為等が禁止される（独占禁止法8条）。

● 独占的状態の規制

競争の結果，50%超のシェアを持つ事業者等がいる等の市場において，需要やコストが減少しても価格が下がらないという価格に下方硬直性がみられるなどの市場への弊害が認められる場合には，競争を回復するための措置として当該事業者の営業の一部譲渡を命じる場合がある（独占禁止法2条7項・8条の4）。

【下請法の規制内容】

> 下請法とは，「親事業者による，下請事業者への対応について規制する」法律であり，「下請事業者の利益保護」や「経済の健全な発達」などを目的に制定されている（下請法1条)。下請法の対象となる取引は，事業者の資本金規模と取引の内容で定義されている。
>
> 下請法の主な規制内容としては，以下のようなものが挙げられる。
>
> - 下請代金の支払遅延の禁止（下請法4条1項2号）
> - 下請代金の減額の禁止（下請法4条1項3号）
> - 返品の禁止（下請法4条1項4号）
> - 買いたたきの禁止（下請法4条1項5号）
> - 購入・利用強制の禁止（下請法4条1項6号）

(3)　独占禁止法に違反した場合の罰則と処分の概要

事業者が独占禁止法に違反すると，公正取引委員会から当該違反行為を排除するために必要な措置を命ずる「排除措置命令」や，金銭的不利益を課す「課徴金納付命令」が出されるほか，悪質かつ重大な事案等に対しては，刑事告発が行われることがある。

これを処分内容ごとに整理すると，以下のとおりである。

①　民事上の処分

民事上の処分としては，違反行為を止めるよう命じる「差止請求権の行使」(独占禁止法24条）や，損害賠償金の支払を命じる「損害賠償請求権の行使」(独占禁止法25条）などが挙げられる。

これは，故意や不注意がなくても責任を負う「無過失責任」とされている。

②　行政上の処分

行政上の処分としては，違反行為を止めるよう命じる「排除措置命令」や，国庫に課徴金を納めるよう命じる「課徴金納付命令」などがある。

課徴金については，違反行為が行われた期間の売上額をもとに，企業規模や業種なども考慮したうえで算出される。

また，課徴金が増額されるケース，減額されるケースも定められている。たとえば，「違反行為を繰り返した場合」などは算定率50％の「増額」措置，逆に，「違反行為を早期に取りやめた場合」などは算定率20％の「減額」措置などが適用されることもある（独占禁止法7条の2）。

③　刑事上の処分

刑事上の処分については，事業者（法人）として問われることとなるほか，個人としても責任が問われる場合もある。

罰則の内容は，ケースや違反行為によって異なるが，たとえば，私的独占や不当な取引制限などについては，法人は「5億円以下の罰金」（独占禁止法95条），個人は「5年以下の懲役または500万円以下の罰金」が科せられる可能性がある（独占禁止法89条1項1号・2号）。

また，「排除措置命令」に背いた場合は，法人は「3億円以下の罰金」（独占禁止法95条），個人は「2年以下の懲役または300万円以下の罰金」が科せられる可能性がある（独占禁止法90条3号）。

⑷　独占禁止法違反事件の処理の流れ

公正取引委員会による独占禁止法違反事件の処理は，

①　事件の端緒の把握（違反の疑いがあるとの情報の入手）

②　事件の審査（違反の疑いがある具体的な事件についての調査）

③　措置

の順に行われる。

刑事・民事を含めた処理の流れを図示すると，次のとおりである。

【独占禁止法違反事件処理手続】

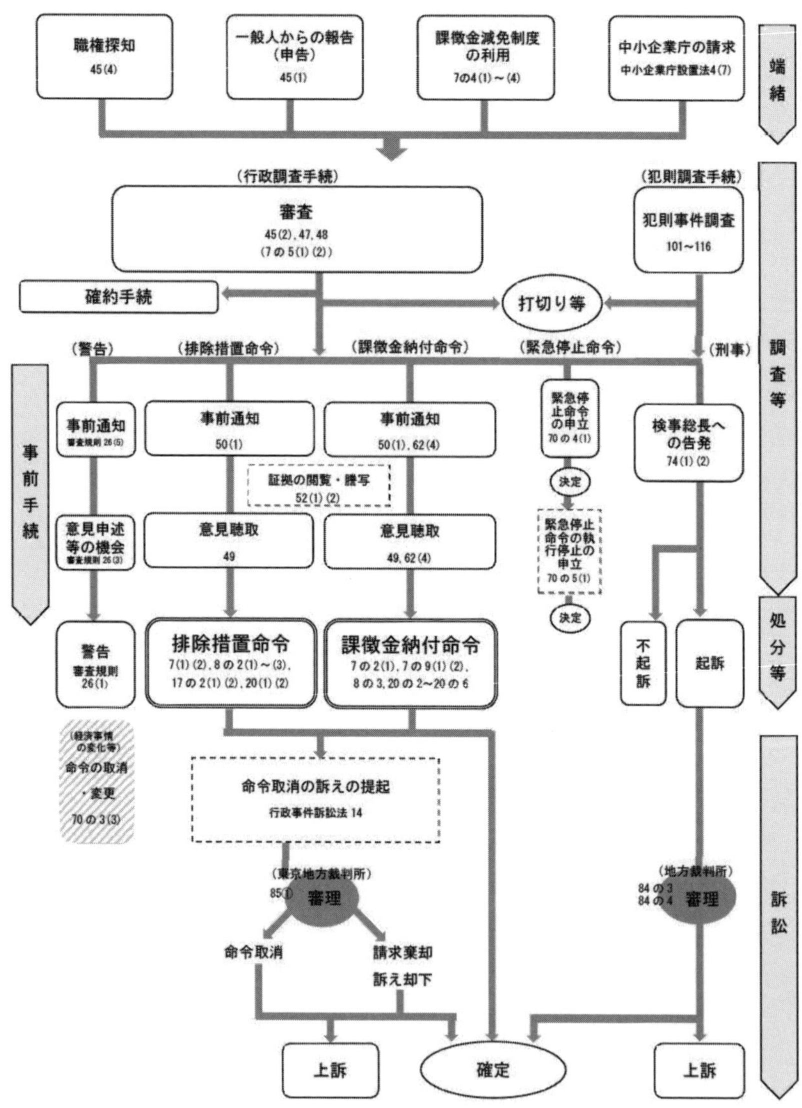

（出所）　公正取引委員会ホームページ

また，入札談合事件処理の流れは，次のとおりである。

【入札談合事件処理の流れ】

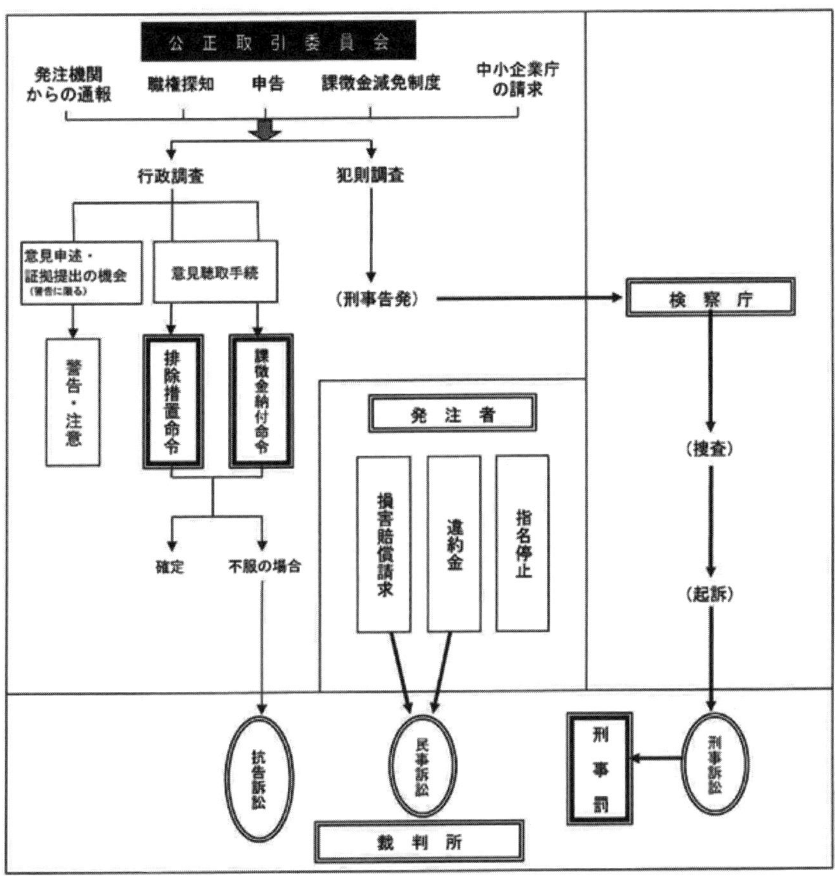

(出所)　公正取引委員会事務総局「入札談合の防止に向けて」(令和3年10月版)

(5) カルテル・入札談合事件における課徴金減免制度（リニエンシー制度）

課徴金減免制度（リニエンシー制度）とは，事業者が自ら関与したカルテル・入札談合について，その違反内容を公正取引委員会に自主的に報告した場合，課徴金が減免される制度である。

具体的には，減免申請の順位に応じた減免率に，事業者の協力が事件の真相の解明に資する程度に応じた減算率を加えた減免率が適用される。事業者自らがその違反内容を報告し，さらに資料を提出することにより，カルテル・入札談合の発見を容易にし，事件の真相解明を効率的かつ効果的に行うことにより，競争秩序を早期に回復することを目的としている。

減免申請の順位と減免率は，以下のとおりである。

【申請順位と減免率】

調査開始	申請順位	申請順位に応じた減免率	協力度合いに応じた減算率
前	1位	全額免除	
	2位	20%	＋最大40%
	3～5位	10%	
	6位以下	5%	
後	最大3社（注）	10%	＋最大20%
	上記以下	5%	

（注）　公正取引委員会の調査開始日以後に課徴金減免申請を行った者のうち，減免率10%が適用されるのは，調査開始日前の減免申請者の数と合わせて5社以内である場合に限る。
（出所）　公正取引委員会ホームページ

公正取引委員会は，調査開始日前に単独で最初に課徴金の減免の申請をした事業者については告発を行わない方針を示している。

このため，事業者は，最初に申請することにより，課徴金の減免にとどまらず，事実上の刑事手続も免れることができる。

①　2016（平成28）年度以降の課徴金減免制度の申請件数

2016（平成28）年度以降の課徴金減免制度申請件数は，次のとおりである。年間80件程度の申請がされていることがわかる。

【課徴金減免制度申請件数の推移】　（単位：件）

	28年度	29年度	30年度	令和元年度	2年度
申請件数	124	103	72	73	33

（出所）　公正取引委員会事務総局「入札談合の防止に向けて」（令和3年10月版）

②　減免申請制度の判断の難しさ

とはいえ，減免申請制度は，公正取引委員会が把握していない違反の事実を進んで情報提供することにより，課徴金が減免されるというものであり，たとえるなら「自首」のような制度である。

多額の課徴金を免れ，株主代表訴訟のリスクを低減させるなどの大きな経済的利益があるが，その反面として，他の事業者を事実に反して，または過剰に共犯関係に引き込むおそれに加え，自社従業員に対しても事実に反して，または過剰に責任を負わせるリスクが高まることとなる。このため，申請をするか否か検討する段階では，難しい判断を要することとなる。

なお，後述の事案においては，検察の捜査に協力的であった2社（O社とS社）は，課徴金を30％減免されたうえで，担当者2名は逮捕も起訴もされなかった。これに対し，否認を続けた他の2社（T社とK社）は，担当者2名が逮捕・勾留のうえ起訴された。このように，各当事者の対応が分かれたことにより，その結果が異なったものであり，もちろん各当事者の関与の度合いや認識に違いがあるとはいえ，実務的な対応にあたっての判断の難しさが現れている。

■より深く学ぶために

- 公正取引委員会のホームページでは，独占禁止法に関連して，概要，制度・手続，法令・ガイドライン等，さまざまな情報が発信されている。

　そのなかで，規制の概要を簡単にまとめたパンフレット（https://www.jftc.go.jp/houdou/panfu.html）は，簡潔に規制の内容が整理されているほか，具体的な事例や研修資料等も掲載されている。

- 「入札談合の防止に向けて～独占禁止法と入札談合等関与行為防止法～」

https://www.jftc.go.jp/dk/kansei/text.html

　公正取引委員会が，発注機関職員向けに入札談合の未然防止に関する知識や関連する法制度等を紹介するために作成した研修テキストである。入札談合の規制に関する情報が網羅されている。

第2　具体的な事案～O社のケース

1　事案の概要

本件は，JR 東海が発注する品川・名古屋間のリニア中央新幹線の建設工事（以下「リニア工事」という）に係る，受注調整事件である。

リニア工事では，品川駅および名古屋駅の新設工事や，南アルプス等の山岳トンネルの新設工事等が計画されているところ，これらの工事は，スーパーゼネコンと呼ばれる4社にとっても，前例のない難工事であった。

リニア工事に係る品川駅および名古屋駅新設工事（以下「本件対象工事」という）も，営業運転している東海道新幹線の直下を掘削し，掘削した地下空間に駅を新設する地下開削工法を用いており，技術的難易度が高いうえ，予算規模も極めて大きな大工事であった。

このため，JR 東海は，この4社または4社のうち複数社を指名する，指名競争見積方式により発注していた。

【本件対象工事のイメージ図】

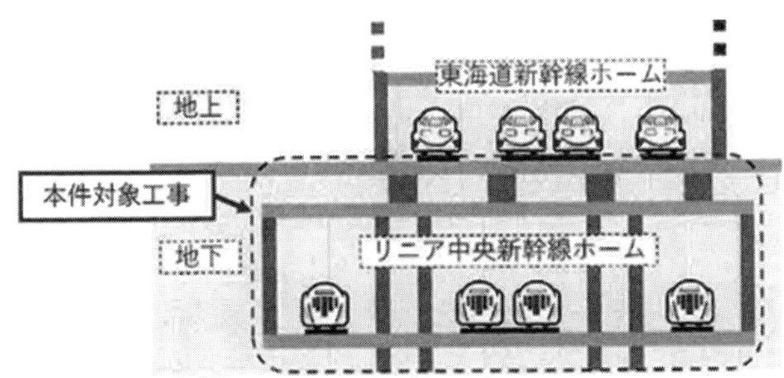

（出所）公正取引委員会，本件排除措置命令の報道発表資料

⑴　受注調整

そうしたところ，T社，K社およびO社は，リニア工事に係るJR東海の予算が相当少ないとの情報のもと，受注価格の低落防止を図るため，2014年4月下旬頃以降，3社の関係者が集まってリニア工事に関する会合（以下「3社会合」という）を定期的に開催するようになった。

その席上，各社の受注希望工区の情報を交換し，希望が重なった場合には協議交渉するなどして，それぞれの受注希望工区の棲み分けを図っていた（以下「本件受注調整」という）。

また，上記3社は，S社にも本件受注調整の枠組みに入るよう持ちかけ，2015年1月下旬頃以降，S社も本件受注調整に参加することとなった。なお，S社は，本件受注調整に参加してからも3社会合には出席せず，個別の面談や電話等を通じて，本件受注調整に関する連絡を行っていた。

このように，S社を含めた4社は，本件受注調整の結果に基づき，各工区について受注予定者が受注できるよう，JR東海に見積書を提出する前に，見積

【本件受注調整事件の構図】

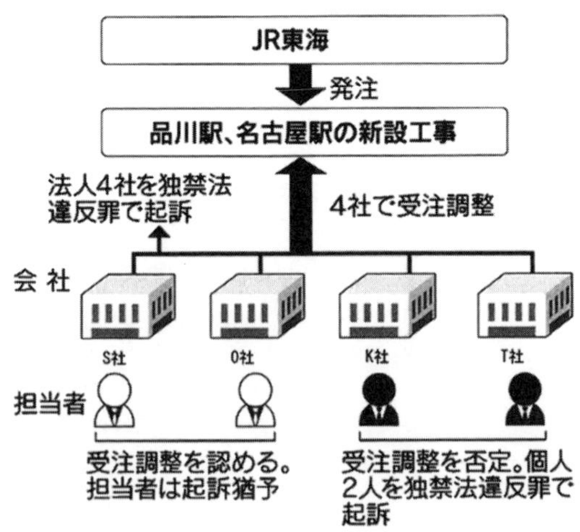

（出所）　2018年3月4日付日本経済新聞電子版の図を参考に一部修正

価格等に関する情報を相互に連絡するなどして，受注予定者が受注できるようにしていたものである。

本件受注調整事件の構図は，上のとおりである。

⑵　公正取引委員会の対応

公正取引委員会は，2018年３月23日，上記４社およびT社とK社の従業者各１名を刑事告発した。その後，公判において公訴事実を認めたO社およびS社については，同年10月22日，それぞれ罰金刑が言い渡された。

なお，T社，K社およびその従業者各１名については，公判において無罪を主張し，争う方針を示しており，地裁で有罪判決が出た後，本書執筆時点でも，控訴審の公判が係属中である。

さらに，公正取引委員会は，2020年12月22日に，４社に排除措置命令および２社に課徴金（O社31億1,839円，S社12億331万円）納付命令を行った。

⑶　第三者委員会の設置

上記のような経緯において，O社は，客観的な調査結果に基づく発生原因の究明および実効性のある再犯防止策の提言を受けるべく，2018年８月31日に，第三者委員会を設置した。

同委員会は，2019年１月31日に，O社に対し，調査結果報告書（以下「調査報告書」という）を提出した。

⑷　事実関係の経過

以上の経過を簡単にまとめると，以下のとおりである。

【事件関係の経過】

2011年５月	：国土交通大臣が，リニア中央新幹線の整備計画を決定。営業主体および建設主体として，JR東海を指名

2014年４月21日	：３社（Ｔ社の甲氏，Ｋ社の乙氏，Ｏ社の丙氏）の集まる会合が開始。この会合は，概ね月に１回程度で，Ｏ社に強制捜査が行われるまで続いた。この会合の席上，各社の受注希望工区の調整，受注予定者の決定，該当工区の受注手続の状況等が協議された。
同年10月	：JR 東海が，国土交通大臣から，土木建造物を中心とした品川・名古屋間の工事実施計画の認可を受け，リニア工事を開始
2015年１月下旬頃	：Ｏ社の丙氏が，Ｓ社の丁氏に連絡し，受注調整に参加する旨の回答を得た。 ⇒４社による受注調整
同年８月19日	：JR 東海が，「中央新幹線品川駅新設（北工区）」の工事および「中央新幹線品川駅新設（南工区）」の工事について，４社を指名し，４社をそれぞれ代表者とする JV を競争参加者として，指名競争見積方式により発注
2016年３月10日	：JR 東海は，「中央新幹線名古屋駅新設（中央西工区）」の工事について，Ｏ社およびＴ社を指名し，Ｏ社およびＴ社をそれぞれ代表者とする JV を競争参加者として，指名競争見積方式により発注
同年９月	：中央新幹線名古屋駅新設（中央西工区）を，Ｏ社 JV が受注
2017年12月８日	：東京地方検察庁特別捜査部による，Ｏ社捜索

第3　内部統制上の問題点

1　本件受注調整の発生原因

では，まず本件受注調整事件について，O社の内部統制上，どのような問題点があったであろうか。

(1)　調査報告書記載の発生原因

①　談合決別宣言以降のO社におけるコンプライアンス体制

スーパーゼネコン4社は，2005年12月に談合決別宣言を行った。

しかし，その後も，2006年および2007年にかけて，防衛施設庁談合事件，和歌山県談合事件，名古屋市地下鉄談合事件，枚方市談合事件と呼ばれる4件の刑事事件が発生し，O社，その元役職員らが起訴されている。

調査報告書によれば，上記各談合事件の発生当時，O社は，相応の水準の内部統制体制（コンプライアンス体制）を構築していた。さらに，上記事件発生およびこれを受けた株主からの提案等をふまえ，談合防止のために真に有効な体制構築のため，2006年10月に企業倫理プログラムと独占禁止法遵守プログラムの策定，2007年6月に定款変更による談合防止条項の新設，同年7月にコンプライアンスヒアリングの開始等，必要な施策を順次追加したとされている。

✓　株主代表訴訟の提起

また，2008年6月，上記事件当時のO社の取締役および元取締役に対し，株主代表訴訟が提起された。当該訴訟は，2009年6月に和解が成立し，O社も利害関係人として和解に参加した。

当該和解に基づき，O社は，同年7月，社外の弁護士3名とO社役員4名で構成する，「O社コンプライアンス検証・提言委員会」を設けた。さらにO社は，同委員会の2010年3月29日付け「提言書」をふまえ，同年4月，各種の施策を追加した。

調査報告書によれば，以上の施策の追加とその後の見直しの結果，O社は，業界内でも最も厳格な部類と評価されるコンプライアンス体制を構築するに至ったとされている。

②　本件受注調整の発生原因

このように，O社は，最も厳格な部類と評価されるコンプライアンス体制を構築していながら，本件受注調整を発生させてしまった。調査報告書では，その原因について，次の3つに分類することができるとされている。

【調査報告書における発生原因の3つの分類】

ア　リニア工事特有の事情に起因するもの
イ　O社における従来の独占禁止法違反防止体制の盲点とも呼ぶべきもの
ウ　関与者らの個人的資質等の属人的事情に起因するもの

それぞれの原因の概要は，次のとおりである。

ア　リニア工事特有の事情

まず，リニア工事特有の事情として，以下のような点が挙げられている。

(ア)　赤字工事への懸念

スーパーゼネコン4社が，事前の「勉強」に多額のコストを費やし，その回収のために確実な受注を望んでいたところ，JR東海の徹底したコストダウン方針によって，赤字受注を強いられるのではないかとの強い懸念を有していたこと

(イ)　大規模かつ多数の工区

大規模かつ多数の工区を擁するというリニア工事の特殊性ゆえに，各社による棲み分けが容易であったこと

(ウ)　**受注が至上命題であった**

O社にとっては，過去に東海道新幹線品川駅の新設工事を担当した実績を有し，品川駅前に本社を置くなど，いわば，品川駅周辺は同社の「お膝元」ともいうべき地区となっていた。このため，品川駅新設工事の受注は至上命題であって，担当者らが失注は許されないと考えていたこと

(エ)　**発注者の協力**

発注者たるJR東海側にも，受注調整を容認するような言動に及んでいた人物が存在したようであること

このように，調査報告書においては，上記のようなリニア工事特有の事情が，本件受注調整につながったとされている。

イ　既存の独占禁止法違反防止体制の盲点～経営トップクラスの関与

次に，O社では，過去の度重なる談合事件の発生を受けて，これまで数々の独占禁止法違反防止策が導入されており，前述のとおり，その内容は業界内で最も厳格な部類に属すると評価されるものであった。

それにもかかわらず，本件受注調整を防止または早期発見することができなかった理由としては，調査報告書によれば，本件受注調整が，従来の独占禁止法遵守プログラムの想定しない態様のものであったこととされている。

すなわち，本件受注調整は，土木事業部門のトップである丙氏自身がこれに関与する形で行われたものであるところ，従来の独占禁止法遵守プログラムは，経営トップクラスの関与という事態を想定しておらず，経営トップクラスに対する牽制機能という観点を欠くものであった。

さらに，各種相談・通報窓口に対する信頼感の不足を原因として，本来期待される機能を果たさなかったことも，本件受注調整が，早期に発見・防止されなかった原因の1つであると指摘することができる，とされている。

すなわち，コンプライアンス体制（内部統制システム）は，経営層による「内部統制の無効化」と呼ばれる状態には，効果を発揮しない。これが，本件受注調整の要因になったとの分析である。

ウ　関与者の属人的事情

最後に，調査報告書によれば，関与者の属人的事情として，次のような点を指摘することができるとされている。

(ア)　関与者らの規範意識の水準

調査報告書によれば，Ｏ社の丙氏は，第三者委員会のヒアリングにおいて，本件受注調整の違法性に係る自身の認識について，当初からグレーな行為であるとは思っていたが，刑事事件の対象となるようなものではないと考えていた，などと述べている。

このような説明は，自身の行為が，少なくとも適法性に疑義がある行為であることを認識しながら，特段専門家等に確認することなく，これを継続していたことを自認するものである。したがって，同氏の規範意識は，土木事業部門のトップに求められるレベルに照らして，十分であったとはいい難い。

調査報告書によれば，Ｏ社の丙氏以外の関与者についても，特定の競争見積案件の受注意欲に係る競合他社との情報交換自体に対して，さほどの抵抗を感じていない様子がうかがわれるうえ，本件強制捜査開始後には証拠の隠滅行為に及んでいるようであり，総じて規範意識の不十分さを指摘せざるをえない。

(イ)　丙氏とＴ社の甲氏およびＳ社の丁氏との人間関係

調査報告書によれば，Ｏ社の丙氏を３社会合に誘ったＴ社の甲氏は，大学の同期生という間柄であった。このような人間関係が，丙氏が３社会合への参加の誘いを受け入れた理由の１つであったようである。

丙氏自身も，「甲氏からの誘いでなければ，自らが３社会合に出席しようとは思わなかっただろう」と述べている。

また，Ｓ社の丁氏と丙氏についても，リニア工事以前から，10年以上にわたり交流があった。こうした人間関係があったからこそ，Ｓ社に本件受注調整への参加を呼びかけることが可能であったと考えられる。

このような各社担当者の人的関係が，本件受注調整を可能にしたものである。

(ウ)　根深いゼネコン業界の入札談合体質

しかし，このような，「**イ**既存の独占禁止法違反防止体制の盲点」，「**ウ**関与者の属人的事情」として指摘された点については，これまで入札談合事件を引き起こし，その度に関係者の刑事処分にまで至り，再発防止策を策定してきたことを想起すれば，容易に首肯できるとはいい難い。

調査報告書においては，「本件受注調整のような，民間工事，かつ，当該事業分野において活動する事業者のうち一部の者のみが関わる事案が違法となり得ることについて，役職員らの理解が不足していたこと，監査体制も公共工事における入札談合の監視に力点が置かれており，民間工事における受注調整に関するチェックは十分なものではなかった」と指摘している。

(2)　官製談合・受注調整の法的措置件数の推移

とはいえ，公正取引委員会年次報告によると，官製談合・受注調整の法的措置件数の推移は次のとおりである。

【官製談合と受注調整の法的措置件数の推移】

	2012	2013	2014	2015	2016	2017	2018	2019	2020
官製談合	4	2	0	4	5	5	3	3	1
受注調整	15	7	2	1	3	5	3	0	1

（出所）　公正取引委員会年次報告書より数値を引用したうえで作表

このように，本件受注調整で3者会合が始まった2014年4月の段階で，むしろ受注調整の数が，官製談合の数を上回っていた。

このような状況にありながら，民間工事における受注調整に関するチェックを十分にしていなかったということであれば，O社における独禁法コンプライアンス体制，すなわち内部統制の「仕組み」としては，不十分であったといわざるをえないだろう。

2　改善のポイント

では，O社としては，管理体制をどのように改善すべきであろうか。

まず，O社が自主的に策定した再発防止策と，その後第三者委員会において提言された再発防止策について取り上げたい。

(1)　O社における再発防止策

O社において策定した再発防止策では，従前の独占禁止法遵守プログラムに加え，次の施策を追加した。

① 同業者との接触ルールの厳格化
② 独占禁止法の正しい理解の徹底
③ 違反行為を行う・見過ごす心理的要因の除去
④ 監視機能の強化

このうち，①同業者との接触ルールの厳格化については，技術団体等の懇親会の機会が，同業者との接触に対する心理的ハードルを下げていたこと，および同業者との意見交換程度の接触が，不正な情報交換につながったことが原因で本件受注調整が発生した，という分析に基づいて，次のような施策を内容としている。

【再発防止策における同業者との接触ルールの厳格化】

ア　一般社団法人日本建設業連合会等の業界団体や技術団体および発注者が公式行事として主催する懇親会に同業者が同席する場合，その参加には，事前の承認手続を必要とし，参加者に注意を促す。
イ　上記アの公式行事以外については，同業者が同席する懇親会は，原則として参加禁止とする。
ウ　これまで「同業者との会合等報告制度」の報告者は主に営業部門（支援部門を含む）を報告対象としていたが，今後は，すべての役員および従業員を報告対象とする。
エ　「談合行為等に直面した場合の行動プログラム」を一部改正し，再周知する。

✓　再発防止策を実行する際の留意点

調査報告書によれば，これらの施策は，コンプライアンスのより一層の徹底を図るという，O社の強い決意を社内外に示すものとして重要な目的・意義を有している，としている。このような施策を適切に実行することができれば，再発防止として非常に有効であろう。

他方で，第三者委員会が役職員に対して行ったアンケート調査では，従業員から，「万引きを防止するためにコンビニに入店するなというルールは事業継続を困難にするものだと思う」「厳し過ぎる改正だと思う」「単に会社が防止策を講じていたという証拠づくりの意味しかないと思う」等の反対意見，施策に対する否定的な意見が，相当数出されているようである。

この点，調査報告書においては，これらの施策は，本来問題にならない行為を含めて網羅的に規制対象とする側面があるため，従業員に，過度な規制という印象や効果と規制による弊害とのバランスを失しているという印象を与えているのではないかと思われる，と評している。さらに，これらの施策において，事前承認や禁止の対象となるのは，あくまで同業者が同席する懇親会に限られること，すべての役員・従業員が「同業者との会合等報告制度」の適用対象者とされたとはいえ，営業部門等にはすでに実施されていた規制であることから，単に「同業者との接触ルールの厳格化」というネーミングから想起されるイメージがひとり歩きして，過度な規制と誤解しているだけの可能性もあると推察している。

いずれにせよ，従業員の納得感が伴わない施策は，いかに重要な施策であっても，次第に遵守されなくなり，結局は形骸化する危険性がある。

調査報告書も指摘するように，誤ったイメージが先行している可能性をふまえ，適切な時期に，従業員に対して，再発防止策の意義を「正しく周知する」とともに，従業員から定期的に意見を聴取するなどして，従業員の納得感にも配慮しながら，当該施策を進めることが重要であろう。

(2)　第三者委員会の再発防止策の提言

第三者委員会は，上記O社の策定した再発防止策について，一定の評価をしている。

しかし，本件受注調整事件においては，丙氏というO社の「代表取締役副社長執行役員兼土木本部長」という土木部門トップが関与した事件にもかかわらず，O社自身としては，トップの関与に焦点を当てた再発防止策を策定することができなかったものといわざるをえない，と評している。

このため，土木部門のトップが関与する受注調整を抑制・阻止するための牽制機能がいまだ不十分であるとして，「土木部門トップに対する牽制機能の強化」に焦点を当てて，次のような施策を追加・補充する必要があると提言している。

【第三者委員会による提言】

- 経営陣による再発防止に向けた主体的な取組み
- 本件受注調整に係る具体的な事実関係等の公表と風化の防止
- O社土木部門トップらの独占禁止法違反に対する厳正な対応・処分
- 役員（取締役・監査役）の独占禁止法に対する理解を担保する仕組み
- 決裁権者の独占禁止法に対する理解の深化促進
- 決裁権者を牽制する仕組みづくり
- その他（証拠隠滅の禁止の徹底，事業部門と法務部との相互理解の促進）
- 実施状況の検証

✓　第三者委員会が提言する，決裁権者を牽制する仕組みづくり

調査報告書によれば，提言として，「決裁権者を牽制する仕組みづくり」を挙げている。

これは，応札可否等の判断プロセスを見える化し，事後検証できるようなプロセスにするため，判断プロセスに一定数のメンバーを関与させるという仕組みである。再発防止を図るにあたり，このような「仕組み」を作ることは非常に重要である。

ただし，本件の受注プロセスにおいて多くのメンバーが関与しなかったのは，機動的な受注を可能にすることも理由であったようである。このため，すべての受注においてこのような仕組みが実際に「機能」するかは，その後の適切な検証が必要であろう。

いずれにせよ，O社は，これまで複数の入札談合事件を引き起こし，その度に行政上の処分や刑事訴追を受けてきた。

これらの事件が，企業存続にかかわる重大な事態であるとの危機意識を役職員で共有できない限り，O社の企業体質の改善のための道のりは，まだまだ長いように思われる。

第４　内部監査の問題点

1　内部監査の状況

O社では，本件受注調整事件当時，独占禁止法違反の防止策のうち「監視と改善（モニタリング）」として，①監査役監査においては，「談合等監視プログラム」に基づく監査を，②内部監査においては，応札案件ごとのサンプリング調査である「ウォークスルー監査」を，それぞれ実施していたとされている。

⑴　内部監査対象の問題

しかし上記監査は，いずれも他社からの「談合巻き込まれ防止」に重点が置かれていた。また，民間工事については，本件が発覚するまでウォークスルー監査の対象とされていなかった，とされている。

すなわち，本件受注調整の発覚以前は，主に地方でJVを組む際に地元業者から談合に巻き込まれる事態を想定し，モニタリングのサンプリングの対象が，公共工事の応札案件に限られていたようである。

⑵　内部監査への信頼性

また，第三者委員会が役職員に対して実施したアンケート調査においても，「内部監査によって独占禁止法違反を発見することができると思うか」との質問に対し，62.8％の者が「わからない」を選んでいる。また，内部監査に対する意見を求めても，内部監査の実態を知らない等として，「わからない」と回答する者が多かったとされている。

このように，①民間工事が内部監査の対象外とされていたこと，②内部監査の存在や役割に対する社内での周知やアナウンスも十分でなかったことから，特に本件のような民間工事の受注調整事案において，内部監査が「事前の抑止力」として，十分には機能していなかったといえるだろう。

2　改善のポイント

(1)　O社の施策および第三者委員会の提言

調査報告書によると，O社は，本件受注調整事件をふまえ，内部監査について，民間工事をウォークスルー監査の対象に含める等の施策が実施された。また，監査項目についても改善の余地があるとして，監査役監査，内部監査ともに，①監査項目に「受注調整の発生防止」等を追加する，②「応札可否等の判断プロセスの検証」を行う，などして，本件のような事象が二度と起こらないよう意識づける工夫が望まれる，とされている。

さらに，本件の主な発生原因である「経営トップクラスの関与」を防止するためのモニタリングとしては，役員である監査役による監査に負うところが大きい。しかし，実効的はチェックという観点からすれば，「取締役会およびその他の会議を通じて」のモニタリングだけでは，十分であるとはいい難い。

この点，調査報告書によれば，たとえば，監査役と代表取締役との定期的な意見交換がなされていることをふまえ，「定期的な面談を通じた独占禁止法遵守状況の確認」といった項目を監査項目に追加するなどして，意識的に経営トップに対する抑止力向上を図ることが有用と考えられる，とされている。

(2)　内部監査の内容や手法の充実

以上のとおり，O社の施策および第三者委員会の提言では，民間工事を内部監査項目に入れる，監査役と代表取締役との定期的な面談を通じた独占禁止法遵守状況の確認をする，等の改善策を挙げている。

もちろん上記の点は，まずは必要な改善策ではあるが，仮に民間工事をウォークスルー監査の対象に含めたとしても，入札談合は，外部の他社担当者と連絡を取って成立させるものであり，「形式的」に，応札案件ごとのサンプリング調査をしても発見することは困難と考えられる。

このため，サンプリング調査に際しては，競合他社の担当者と面談，電話，メールその他手段を問わず連絡を取り合って行われていないか，ある程度網羅的に調査・確認することが肝要となる。現実的には，完全な網羅性を求めることは不可能であるから，たとえば，サンプリングをするとしても，いかに抜き打ち的に監査を行うことができるか，という点がポイントとなろう。

✓　内部監査担当者の知識や経験

また，内部監査担当者が，営業の現状や実態について精通していなければ，実効的な監査は難しい。

この点，第三者委員会が実施したアンケート調査においても，内部監査について「営業の各分野に精通している担当者が必要」「職員レベルに抜き打ちで『何か仕事で疑問に感じることはないか？』などの取組みも必要ではないか」「受注プロセスの調査がない」といった具体的な意見・アイデアが多数寄せられているとされている。

このように，さまざまなバックグラウンドや経験を持つ内部監査担当者を質・量ともに充実させること，さらに監査の経験のみならず，会社の現状や実態や業界に関する知見などを含めてその専門性をどのように高めていくかが課題である。

(3)　経営者の内部統制の無効化への対策

さらに，いわゆる「内部統制の無効化」というべき状況への対応も重要である。

この場合，監査対象をいくら拡大したとしても，指揮命令系統に当たる経営トップ層を実質的に監査し，是正を行うことは一般的には困難である。内部監査の報告ルートとして，いわゆる「デュアルレポーティングライン」を整えたうえ，内部監査部門が，取締役会，監査役（会），会計監査人等と機能的に連携することの重要性を再認識するべきであろう。

【内部監査の問題点と改善のポイント】

■問題点

①　民間工事が内部監査の対象外とされていた

②　内部監査の存在や役割に対する社内での周知やアナウンスが不十分

→内部監査が「事前の抑止力」として，十分には機能していなかった

■改善点

①　民間工事を内部監査の対象としたうえで，内容や手法の充実を図る

　　網羅性の確保

　　いかに抜き打ち的に監査ができるか

②　競合他社の担当者と連絡を取り合って行われていないか調査・確認

　　※内部監査担当者が，自社の営業の現状や実態について精通する必要

③　経営層あるいは有力な役員が関与している場合

→デュアルレポーティングライン

　　監査役（会）に報告する等，モニタリング機関と連携をとって対応

【本件から学ぶ入札談合に関する内部監査のポイント】

①　競争法違反に関する内部統制状況の確認

□　自社の事業に合わせた競争法遵守の管理体制の確認

- 競争法違反の防止のための社内規程や監視体制が機能しているか，形だけの規制になっていないか確認
  例）入札談合防止のための「同業者との接触ルール」が形骸化していないか
- 公正取引委員会の年次報告や報告書等をふまえ，規制に漏れがないか確認
  例）「受注調整」に対する統制が手薄になっていないか
- 役職員への研修等についても，実際の公正取引委員会の年次報告や報告書等をふまえ，現実的・実践的なものになっているか確認

②　競争法違反の事実の発生の有無の確認

□　独占禁止法等の規制
法令上の定義・内容・公正取引委員会の年次報告やガイドライン等を確認
＊　自社の事業部門（入札，他者との競争，下請けの使用，M&A 戦略，海外事業等）との関係で，競争法違反が起こりうる部署等はないか

□　競争法違反が発生していないか
→会社関係者で公正取引委員会等からの問い合わせを受けた者がいないか，他者との会合等に関する競争法違反についての噂や内部通報から社内の情報を積極的に収集
＊　自社の事業部門との関係で競争法違反が起こりうる部署等に着目して調査

□　競争法違反が発見された場合は，規制当局との連携（減免申請制度の利用を含む），および再発防止のためのその事実確認と原因分析（会社の管理体制の穴がないか調査）

★　競争法違反に関する内部監査については，「受注プロセスの調査」「役職員への抜き打ちのアンケート調査」等より踏み込んだ調査を行うことが有効

⇒　競争法違反に経営層あるいは有力な役員が関与している場合は，デュアルレポーティングラインを活用し，監査役（会）に報告する等，モニタリング機関と連携をとって対応

コラム

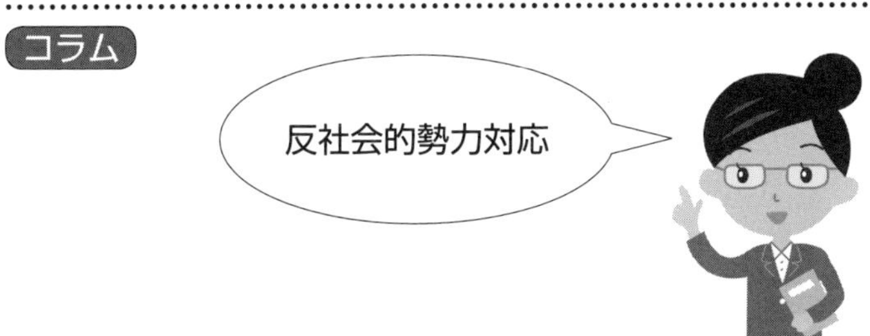

①　反社会的勢力と関係を持つことは，会社存続の重大なリスク

反社会的勢力とは，「暴力，威力と詐欺的手法を駆使して経済的利益を追求する集団または個人」である。

この「反社会的勢力」をとらえるにあたっては，暴力団，暴力団関係企業，総会屋，社会運動標ぼうゴロ，政治活動標ぼうゴロ，特殊知能暴力集団等といった「属性要件」のみならず，暴力的な要求行為，法的な責任を超えた不当な要求といった「行為要件」にも着目することが重要とされる。

暴力団の構成員の数は，2020年末現在13,300人で，準構成員の数を合わせると25,900人になる。また，六代目山口組，神戸山口組，絆會ならびに住吉会および稲川会（以下「主要団体等」という）などの大規模暴力団による組織勢力の寡占化が続いている。これら主要団体等の暴力団構成員等の2020年末の総数は18,600人，暴力団全体の71.8%を占めている。

ア　暴力団対策法の成立

反社会的勢力に対しては，1991年に暴力団対策法（正式名称「暴力団員による不当な行為の防止等に関する法律」）が成立し，暴力団員の行う暴力的要求行為について必要な規制等を行った。

このため，組織実態を隠ぺいする動きが強まるとともに，活動形態も，企業活動を装ったり，政治活動や社会運動を標ぼうしたりするなど，不透明化を進展させている。また，証券取引や不動産取引等の経済活動を通じて，資金獲得活動を巧妙化させている。

イ　企業が反社会的勢力による被害を防止するための指針

今日，多くの企業が，企業倫理として，暴力団をはじめとする反社会的勢力と一切の関係を持たないことを掲げ，さまざまな取組みを進めているところである。しかし，上記のような暴力団の不透明化や資金獲得活動の巧妙化をふまえると，暴力団排除意識の高い企業であったとしても，暴力団関係企業等と知らずに，結果的に経済取引を行ってしまう可能性がある。

このような状況に対し，政府は，2007年6月に「企業が反社会的勢力による被害を防止するための指針」（以下「企業指針」という）を策定し，反社会的勢力による被害を防止するため，基本的な理念や具体的な対応を取りまとめた。

企業指針が定める反社会的勢力による被害を防止するための基本原則は，次のとおりである。

【企業指針が定める反社会的勢力による被害を防止するための基本原則】

○　組織としての対応
○　外部専門機関との連携
○　取引を含めた一切の関係遮断
○　有事における民事と刑事の法的対応
○　裏取引や資金提供の禁止

ウ　反社会的勢力からの要求

しかし，このような反社会的勢力に対する規制や被害を防止するための取組みにもかかわらず，反社会的勢力からの不当要求は，現在でも一定数存在する。

2020年9月に，全国暴力追放運動推進センター等が主体となって，無作為に抽出した10,000社を対象として行った「令和2年度　企業を対象とした反社会的勢力との関係遮断に関するアンケート」によれば，過去5年間に反社会的勢力からの不当要求を受けた経験がある企業の割合は，全体の2.0％（62社）であったとされている。ただし，アンケート回答をためらう企業があることも考えれば，実数はもっと多い可能性もある。

さらに，相手方が反社会的勢力であると認識した企業22社について「不当要求の一部に応じた」，「不当要求にすべて応じた」と答えた企業が，いまだに7社もあったことも，特筆に値するだろう。加えて，全都道府県で暴力団排除条例が施行された2011年10月以降，個別の契約や取引において，相手方が反社会的勢力であることを理由に関係遮断（契約の解除等）を検討したことが「あった」とする企業は4.9％（154社）ある反面，反社会的勢力と判明しても関係を遮断しなかった企業が，31社も存在した模様である。

このように，現実には，反社会的勢力の不当要求はなくなってはいない。個別の契約や取引における反社会的勢力との関係遮断（契約の解除等）の問題も，依然として対応していかなければならない課題である。

反社会的勢力との取引が問題となった事例

少し前の事案であるが，上場企業が反社会的勢力との取引に巻き込まれ，問題となった事例を紹介したい。

● 事案の概要

金融持株会社のグループ傘下の都市銀行のM社は，信販会社であるO社のキャプティブローンを含む提携ローンの取扱いを1997年3月に開始した。

2004年7月には，リテール分野において包括業務提携を行い，O社との提携ローンの取扱いを拡大した。なお，O社は，2010年9月に，M社グループの関連会社となっている。

✓ キャプティブローンの内容

ここで，キャプティブローンとは，①金融機関，②信販会社，③商品・役務を提供する加盟店，④当該商品・役務を購入する顧客の4者間で行われるローンである。

キャプティブローンの仕組みを図示すると，次のとおりである。

【キャプティブローンの仕組み】

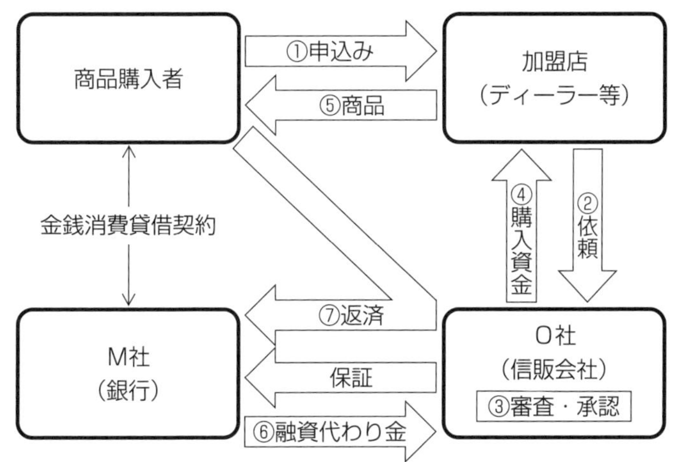

本件のキャプティブローンでは，顧客（商品購入者）が，①加盟店経由でO社に対してローンの申込みを行い，O社が②③審査のうえ承認をした場合，同社から加盟店に対して，④⑤支払がなされる。この結果，顧客は⑤商品を受領する。

その後一定期間に集積した取引について，まとめてO社がM社から，⑥融資代わり金を受領する。これにより，M社と顧客との間で，金銭消費貸借契約が成立し，O社はその（連帯）保証人となる。

✓　キャプティブローンにおける反社チェック

このキャプティブローンにおいて，顧客の与信判断，回収等顧客窓口業務を行うのはO社である。

しかし，顧客に対する債権は，顧客と直接の接点がないM社が保有することとなる。このため，本来，M社においては，反社会的勢力に係るチェック等につき自行基準を適用しなければならないはずである。しかし，窓口となるO社が，独自の属性チェックを行うことを前提に，M社による属性チェックは行わないという整理がなされていた。

2010年に入り，O社をM社グループとする際，本キャプティブローンに係るチェックを，M社グループとして実施する必要があると判断した。まずは本キャプティブローンについて，事後的に反社チェックを行うこととした。

このチェックの結果，2010年12月には，O社基準では取引すべきではない取引先が，反社に該当する取引先を含み，約108万件のうち228件発見された。

この結果をふまえ，M社は，O社に対してこれら取引先との取引を解消し，今後取引を行わないように求めた。しかし，両社間の情報共有に係る法的な問題や，なるべく取引解消の対象となる取引先の範囲を狭めたいO社側からの反発等があり，思うように進まなかった。

✓　反社チェック結果の放置

こうしたなか，2011年3月，M社が大規模なシステム障害を起こし，その対応に追われ，本キャプティブローンに係る反社会的勢力対応の優先度が低くなった。当初は反社問題への対応について，取締役会に対して定期的な報告がなされていたが，次第に重要性の認識が薄れ，取締役会への報告も行われなくなっていった。

また，システム障害等に起因した抜本的な改革の一環として，大規模な人事異動が行われ，本キャプティブローンの反社会的勢力に係る問題の所在，これまでの経緯を理解している役職員の大半が，この問題の対応からはずれることとなった。

✓　金融庁検査と業務改善命令

このような経緯のもと，金融庁は，2012年12月から2013年３月にかけて，M社に対して金融検査を実施し，その過程で，本件問題が発覚した。

以後，M社は社内調査や特別調査委員会を設置し，金融庁に報告を行っている。この過程で，金融庁への報告内容が事実と異なっていたことが発覚し，M社は，金融庁の再検査や業務の一部停止を含む業務改善命令を受けることとなった。

＊　＊　＊

このように，反社会的勢力との取引には，さまざまな形で巻き込まれる可能性がある。企業としては，まずは反社会的勢力と取引を行うことがないよう，未然に防止する体制を整備するとともに，仮に事後的に発見された場合には，適時かつ適切な対応を行うことが必要である。

②　法的規制

ア　反社会的勢力に関わる２つの法律～暴力団対策法と犯罪収益移転防止法

企業が暴力団などの反社会的勢力と関係を持つことや，その疑いを世間から持たれることは，その関係による経済的損失のみならず，企業の社会的信用に多大なダメージを与えることになる。このため，反社会的勢力に関するコンプライアンスリスクへの対応は，非常に重要な問題である。

反社会的勢力に関係する法律は，現在，1991年に成立した「暴力団対策法」と，2007年に成立した「犯罪収益移転防止法」（正式名称「犯罪による収益の移転防止に関する法律」）の２つが存在する。これらの法律は，本来，暴力行為，覚せい剤，恐喝，賭博，ノミ行為等を規制するため，主に指定暴力団を対象にして検挙するための法律として成立した。そのため，規制は「暴力団」による犯罪が対象となっている。

イ　企業指針および同指針をもとにした暴力団排除条例

㈠　概　要

さらに，前述のとおり，2007年に政府が企業指針を策定した。

この指針により，社会から排除し根絶するべき「犯罪集団」の定義が，暴力団から「反社会的勢力」に拡大された。

そして，この企業指針をもとに，各自治体は，暴力団を含む反社会的勢力に対して利益供与と供与の享受を禁止する，暴力団排除条例を制定した。

(イ)　企業指針の意義

まず，企業指針は，あらゆる企業を対象として，反社会的勢力による被害を防止するための基本的な理念や具体的な対応を定めたものであり，法的拘束力はない。

しかし，本指針策定後，たとえば，取締役の善管注意義務の判断に際して，民事訴訟等の場において，本指針が参考にされることなどはありうるとされている。

なお，東証一部上場のミシン等製造販売会社の取締役に対する損害賠償請求訴訟における最高裁判決（平成18年４月10日）では，仕手筋から脅迫を受けて巨額な利益供与を行った事件において，「会社経営者には，不当な要求があった場合に法令に従った適切な対応を取る義務がある」と認定し，取締役が適切な対応を取らず，漫然と反社会的勢力との関係を継続してきたような場合における役員の損害賠償責任を認めている。

【蛇の目ミシン工業事件最高裁判決】

蛇の目ミシン工業株式会社（以下「蛇の目ミシン」という）の取締役らが，仕手筋であるＡから同社の株式を暴力団関連企業に売却するなどと脅迫され，Ａの要求に応じて蛇の目ミシンの関連会社を通じて約300億円の迂回融資をし，その後，さらに966億円の債務の肩代わりをしたことについて，同社の取締役らが忠実義務違反，善管注意義務違反を問われた事案。

裁判所は，

「会社経営者としては，そのような株主から，株主の地位を濫用した不当な要求がされた場合には，法令に従った適切な対応をすべき義務を有するものというべきである。……本件において，被上告人らは，Ａの言動に対して，警察に届け出るなどの適切な対応をすることが期待できないような状況にあったということはできないから，Ａの理不尽な要求に従って約300億円という巨額の金員をＢ（筆者注：Ａが代表取締役を務める会社）に交付することを提案し又はこれに同意した被上告人らの行為について，やむを得なかったものとして過失を否定することは，できないというべきである。」

として，蛇の目ミシンの役員は，約584億円もの多額の損害賠償が命じられている（最判平成18年４月10日，およびその後の差戻控訴審である東京高判平成20年４月23日）。

(ウ)　暴力団排除条例の意義と内容

また，上記企業指針を受け，各自治体は，暴力団排除条例を制定した。

まず，2009年に佐賀県で最初に制定された後，2011年には全都道府県で制定されることとなり，全国で暴力団に対する排除を目的とした条例が完備された。

✓　暴力団排除条例の内容

暴力団排除条例は各自治体が個別に内容を決定しているため，条文には多少の違いがあるが，どの条例でも反社会的勢力に対する利益供与の禁止と，利益供与の享受を禁止する事項が設けられている。これらの条項に違反すれば，行政勧告・公表の対象となる。

また，企業が行うべき反社会的勢力排除のための努力義務として，すべての暴力団排除条例において，

①　取引の相手が反社ではないかの確認（反社チェック）をすること

②　取引の際の契約において，「暴力団排除条項（反社会的勢力排除条項）」を入れること

の2点が盛り込まれている。

ウ　業種・業界ごとの反社会的勢力に関する対策と対応

その他，企業指針に従って，各業界・業種（たとえば，不動産業界，損害保険業界，証券業界，中小企業，銀行・金融業界）でも独自に対応を行っており，業界全体が一丸となって反社会的勢力の排除に尽力している。

業界によって反社会的勢力が関与しようとする部分や法的に担保を必要とする部分が異なるため，さまざまな対策と対応がとられている。

✓　各業界対応の具体例

たとえば，不動産業界では，かねてより暴力団を含めた反社会的勢力による不当な不動産売買などにより，さまざまなトラブルが生じていた。

このため，不動産関係5団体が，暴力団等反社会的勢力の排除のためのモデル条項を策定した。こうした情勢をふまえ，警察庁，国土交通省などの関係行政機関と不動産業界団体が連携を強化し，モデル条項の普及と活用の促進などをはじめとして，不動産取引からの反社会的勢力排除の取組みを推進している。

銀行・金融業界では，暴力団および反社会的勢力によって資金のロンダリングや口座の不正利用による被害を受けることから，銀行取引からの暴力団排除を推進す

るため，2008年11月に銀行取引約定書へ，2009年9月に普通預金，当座勘定および貸金庫の各規定へ，それぞれ暴力団排除条項の導入を開始した。

また，東日本大震災復興の事業への参入の動きをみせる反社会的勢力が，反社会的勢力の共生者などを利用しながら不正に融資を受け，資金獲得活動を行っている点に言及し，融資取引および当座勘定取引の契約条項の改正を行い，暴力団排除条項をより明確化して盛り込むことにより対策を行っている。

■より深く学ぶために

•「企業が反社会的勢力による被害を防止するための指針について」（法務省）
https://www.moj.go.jp/keiji1/keiji_keiji42.html

企業が反社会的勢力による被害を防止するための基本的な理念や具体的な対応についてまとめた企業指針，および指針の解説が掲載されている。

•全国暴力追放運動推進センターのホームページ

（https://www.zenboutsui.jp/index.html）においては，暴力団への対応要領や相談・講習について，暴力団排除条項等の最新の情報が掲載されている。

仮に何らかの対応が必要となった場合には，基本的対応要領
（https://www.zenboutsui.jp/_src/3608057/taiouyoukou_2019.pdf?v=1519174799759）が参考となる。

【反社会的勢力対応に関する内部監査のポイント】

① **反社会的勢力対応に関する内部統制状況の確認**

□　企業指針をふまえた管理体制の確認

→企業指針解説「内部統制システムを構築する上での実務上の留意点」を参考に，

ア　統制環境（経営トップの宣言，契約書への暴力団排除条項の導入等）

イ　リスク評価（反社と取引を行うことが多大なリスクであることの認識等）

ウ　統制活動（対応マニュアルの策定等）

エ　情報と伝達（外部専門機関への通報や連絡の手順化等）

オ　監視活動（コンプライアンス・オフィサーの配置等）

の 5 項目に留意

② **反社会的勢力との関係の有無の確認**

□　反社会的勢力との対応

• 企業指針の遵守

特に，取引を含めた一切の関係遮断

□　反社会的勢力と関係が生じていないか。

→不当要求の有無とあった場合の会社の対応の確認，取引先の反社チェックの結果，その他，噂や内部通報から社内の情報を積極的に収集

□　反社会的勢力と関係が見つかった場合は，全国暴力追放運動推進センター等当局と連携して関係を解消

第7章

コンプライアンス違反の具体的事例⑥ ～子会社管理～

第１　基礎知識

１　親会社と子会社の関係

子会社などのグループ会社は，親会社とは異なる法人格を有する「別主体」である。

とはいえ，子会社は，親会社と人事，技術，資金等の取引により密接に関係しながら，グループ全体としての企業活動を行っている。そのため，子会社において不正・不祥事が発生した場合，単にグループの一企業において生じた問題ということにとどまらず，親会社自体の問題として，公表・開示されることとなる。その結果，子会社で発生した不正・不祥事であったとしても，グループ全体のイメージや利益に影響を及ぼすこととなる。

このため，親会社としては，子会社をどのように「管理」していくかが問題となる。

✓　親会社取締役の子会社管理責任は？

子会社において不正・不祥事が発生した場合には，現行会社法上明示されているわけではないものの，親会社取締役は，親会社に対して負う善管注意義務の１つの内容として，その子会社の業務に関して監督義務を負うという見解が有力である。

子会社の監督に関して，親会社取締役の責任が争点となった裁判例はいくつかあるものの，その判断「基準」までが必ずしも明示されているわけではないのが現状である。このため，親会社取締役の子会社管理責任について，裁判上の判断基準を明確に提示できるわけではない。

以下では，いくつか参考となる裁判例を取り上げ，そこから読み取れる子会社管理において留意すべき点について検討したい。

2　親会社取締役の子会社管理責任

(1)　野村証券事件（東京地判平成13年1月25日）

親会社取締役の子会社管理責任が争点となった初期の事案として，野村証券事件がある。

これは，米国孫会社において発生した法令違反行為について，親会社取締役の責任が問題となったものである。

この点，裁判所は，

> 親会社と子会社（孫会社も含む）は別個独立の法人であって，（中略），親会社の取締役は，特段の事情のない限り，子会社の取締役の業務執行の結果子会社に損害が生じ，さらに親会社に損害を与えた場合であっても，直ちに親会社に対し任務懈怠の責任を負うものではない。

と，原則的には，親会社取締役は法的責任を負うものではないとしつつ，

> もっとも，親会社と子会社の特殊な資本関係に鑑み，親会社の取締役が子会社に指図をするなど，実質的に子会社の意思決定を支配したと評価しうる場合であって，かつ，親会社の取締役の右指示が親会社に対する善管注意義務や法令に違反するような場合には，右特段の事情があるとして，親会社について生じた損害について，親会社の取締役に損害賠償責任が肯定される。

として，特段の事情がある場合には，親会社取締役に損害賠償責任が肯定される場合があると判示している。

✓　野村証券事件の評価

このように，親会社の子会社管理について，一定の場合には責任が発生するという点で，現在の議論とその方向性は同一ではあるものの，責任を認める範囲がかなり限定的であると評価されている。

このため，現在のグループ経営におけるコーポレートガバナンスに関する議論の積み重ねからすると，この判断基準のような限定的な範囲ではなく，広く親会社取締役の子会社管理責任を認める見解が一般的である。

⑵　福岡魚市場株主代表訴訟事件（福岡高判平成24年４月13日）

その後，福岡魚市場株主代表訴訟事件について，裁判所の判断が示された。

この事件は，次のようなものであった。すなわち，福岡魚市場社の子会社において，「グルグル回し取引」と呼ばれていた循環取引類似の取引により，不良在庫問題が発生した。それにもかかわらず，親会社の取締役らが，不十分な調査結果に基づき，子会社へ金融支援を実行した。その結果，親会社が損害を被ったとして，親会社株主により，代表訴訟が提起されたという事案である。なお，被告取締役は，子会社の非常勤取締役や監査役を兼務していた。

この点，裁判所は，

> 従前から問題とされてきた在庫の増加について，取締役会等における指摘及び指導にもかかわらずこれが改善されないことを認識していたのであるから，親会社の代表取締役又は取締役として，遅くとも上記公認会計士からの指摘を受けた時点で，親会社の取締役として，……Ｆの在庫の増加の原因を解明すべく，従前のような一般的な指示をするだけでなく，……より具体的かつ詳細な調査をし，又はこれを命ずべき義務があった。

として，このような調査義務を怠った点に，親会社取締役の忠実義務および善管注意義務違反が認められる，と判断した。

✓　福岡魚市場事件判決の評価

この判決は，親会社取締役に対して子会社の不正・不祥事に関連して法的責任を認めたという点において，親会社取締役の子会社管理責任を認めたとする評価もある。

しかし，被告となった親会社取締役が子会社の非常勤取締役等を兼務しており，そのうえ，グルグル回し取引の相手方には親会社が含まれていたという特殊な事情も存在している。

このため，親会社取締役が「全く関与ないし了知していない」子会社の不正・不祥事についても法的責任が発生したのか，またその判断基準はどのようなものかについては，明確であるとはいえない。

(3)　イビデン事件（最判平成30年2月15日）

その後の判断として，参考になる事例として，イビデン事件がある。

この事件は，子会社において勤務していた契約社員が，同じ事業所内で勤務していた従業員からセクシュアルハラスメントを受けたとして，親会社の通報窓口に相談したところ，その窓口の対応について，親会社の債務不履行または不法行為に基づく損害賠償等を求めた事案である。

最近では，グループガバナンスの1つとして，子会社自体の通報窓口のほかに，グループ会社全体として親会社の通報窓口を設けている会社も多い。このような，親会社の通報窓口の対応について，親会社の責任が問題となったものである。

最高裁は，結論としては，親会社の義務違反については否定した。

しかし，以下のように，一定の場合には，責任を負う可能性がある旨判示している。

> もっとも，前記事実関係等によれば，上告人は，本件当時，本件法令遵守体制の一環として，本件グループ会社の事業場内で就労する者から法令等の遵守に関する相談を受ける本件相談窓口制度を設け，上記の者に対し，本件相談窓口制度

> を周知してその利用を促し，現に本件相談窓口における相談への対応を行っていたものである。その趣旨は，本件グループ会社から成る企業集団の業務の適正の確保等を目的として，本件相談窓口における相談への対応を通じて，本件グループ会社の業務に関して生じる可能性がある法令等に違反する行為（以下「法令等違反行為」という。）を予防し，又は現に生じた法令等違反行為に対処することにあると解される。
> 　これらのことに照らすと，本件グループ会社の事業場内で就労した際に，法令等違反行為によって被害を受けた従業員等が，本件相談窓口に対しその旨の相談の申出をすれば，上告人は，相応の対応をするよう努めることが想定されていたものといえ，上記申出の具体的状況いかんによっては，当該申出をした者に対し，当該申出を受け，体制として整備された仕組みの内容，当該申出に係る相談の内容等に応じて適切に対応すべき信義則上の義務を負う場合があると解される。

　このように，原則としては，子会社が対応するべきであるとしながらも，一定の場合には，子会社任せにできない場合もある，と判示されていることには留意が必要である。

⑷　まとめ

　親会社の子会社管理責任については，前述のとおり，現行法上明示されておらず，また裁判例等においても，一般的な基準が確立されているといえる状況ではない。

　しかし，グループガバナンスが進化・深化している現在の状況では，親会社取締役に求められる子会社のリスク管理の水準は，以前と比べて高くなっているものと考えられる。それに伴い，その対応いかんによっては，以前に比べて，親会社取締役に責任が発生する可能性も高くなっているといえるだろう。

　このようなグループガバナンスに関する議論の状況とともに，親会社の子会社管理が問題となった事例について，今後の裁判動向に留意することが必要である。

3　子会社・関連会社特有のリスク要因

それでは，子会社・関連会社には，親会社と比較して，どのようなリスクが存在するのであろうか。

子会社・関連会社は，独立の法的主体として企業活動を行っているから，一般的な事業リスクを負っていることは当然である。その一方で，子会社・関連会社であるがゆえに，不祥事等のトラブルが生じやすくなるという，特有の事情もあると考えられる。

一般的には，たとえば，以下のような事情が挙げられるだろう。

【子会社・関連会社のトラブル要因】

- 人員リソースの質的・量的な不足
- モニタリング機能の不全

(1)　人員リソースの質的・量的な不足

子会社・関連会社の多くは，グループの中核たる親会社に比べ，予算配分や役職員の数が少ない場合が多い。さらに，人材配置において優先されるのは，収益部門である現業部門であることが多いため，法務・経理・財務・監査等といった管理部門への人材は，不足しがちとなることが多い。

人材不足のため，長年にわたって，特定の業務を，同一人物が1人で担当するといった事態を生じさせることが多い。このように，適切な職務分掌や人事ローテーションが行われず，特定業務を1人で担当し続けると，役職員間における相互牽制・監視作用が機能不全に陥り，不正のトライアングルにいう「機会」が発生することとなる。

さらに，担当者しか把握していない事情が増加することにより，担当者が事実上，部署内において大きな権限を有するという事態に陥ることもある。この結果，上長たる立場の監督者の指揮命令が形骸化し，事実上当該担当者が決裁等についても大きな権限を有することもある。このため，当該業務がブラックボックス化するといった弊害が生じることも多い。

⑵　モニタリング機能の不全

このような質的・量的な人員リソースの不足を補うためには，モニタリング機能を充実させなければならない。しかし，子会社・関連会社においては，人材・コストの両面から，モニタリング部門におけるチェックが不十分となりやすい。

さらに，人事ローテーションが少なく，長年同じ職場で働いている者が増えると，馴れ合い的な職場環境が醸成され，適正かつ効率的な業務執行よりも，人間関係を過度に重んじる風潮ができあがってしまうこともある。このため，人事上の報復をおそれるため，通常のレポートラインを補完する内部通報といった自浄作用すら機能しなくなるおそれもある。

このように同じグループ会社でありながら，その管理体制は，親会社と同等であると考えるべきではなく，子会社等の特有の事情に配慮する必要がある。

4　子会社等のリスク管理方法・留意点

⑴　コンプライアンスリスク管理方法

一義的には，まず子会社等の役員が，自社のコンプライアンスリスクを管理する責任がある。親会社の役員は，このような子会社役員の対応を前提に，グループとして，どのようにコンプライアンスリスクを管理するかについて検討しなければならない。

その具体的方法としては，

①　子会社等への権限・責任は限定的な範囲におさめ，親会社の専門部署に一元化する ②　親会社の各事業部や職能ごとに管理を行う ③　業務執行面は親会社の各事業部が担当し，その管理や監査については親会社の専門部署や管理部門が行う

等が考えられる。

①については，親会社の窓口が一本化されることから，責任の所在が明確になる一方，親会社側の管理方法がそのまま子会社等に必ずしも当てはまるものではないため，個別具体的な事情に応じた，柔軟な対応が必要となる。このため，子会社の数や業種によっては，機能しない可能性もある。

②については，子会社等の業務に精通した親会社事業部が管理を行う点で利点がある一方，全社横断的なリスク管理を行うことが難しい。このため，別途管理部署等のサポートが必要となるだろう。

③については，上記②の利点である子会社等の業務に精通した親会社事業部が管理を行える点に加え，全社横断的なリスク管理も可能となる。もっとも，その管理が機能するかについては，親会社部間での情報共有を含めた，有機的な連携体制を構築し，運用していくことができるかがポイントとなる。

(2)　グループ会社管理規程の整備

次に，グループ会社を管理するためには，各種の管理規程の整備をすることが必要となる。

規程の体系としては，①グループ会社管理の最も基本的な方針を取締役会で定めた後，②当該方針に基づく規程・基準（グループ会社管理規程・グループ会社管理基準等）を整備し，③その後実際の運用手順・マニュアルとなる実施手順の策定を行うといった，３段階で整備していくことが考えられる。

(3)　役職員に対する研修・教育等

前述のとおり，子会社等においては，管理部門の人材が，質的にも量的にも不足しがちであるため，コンプライアンスに関する研修体制も十分とはいえない場合が多い。そのため，親会社によるサポートが不可欠となる。

具体的には，親会社と子会社等に共通する研修内容，たとえば一般的なコンプライアンス事項等についての研修については，その内容を共有するとともに，適宜，親会社の担当者が子会社等に出向いて，研修を行うことが考えられる。

特に，子会社等で発生した会計不正など，グループ会社の業務や組織内容に応じたリスクを検討し，リスクが顕在化した場合の影響，必要な法令等のコンプライアンス知識，他社の事例等を用いた研修・教育を行うことも有用である。

(4)　親会社によるモニタリング

前述の子会社等の人的リソースの不足，モニタリングの機能不全を補うために，親会社によるモニタリングは重要である。

子会社・関連会社に対するモニタリングを行い，報告を受ける親会社の立場から留意すべき視点としては，次のような点が挙げられる。

①　親会社として留意すべき点

まず，親会社としては，定期的な報告ないしモニタリングを行う場合には，事業計画の進捗・達成状況等にのみ主眼を置くのではなく，日常業務の管理体制についても，確認を行う必要がある。

特に，親会社と子会社等との間に物理的な距離がある場合には，実効的なモニタリングをするためには工夫が必要である。メール・チャットでのやりとりやWeb会議の設定等を通じ，遠隔地であっても比較的タイムリーな連絡，モニタリングが可能になってきたものの，いまだ現時点での技術レベルでは，Face to Faceでの報告ないしモニタリングの有効性にはかなうものではない。

とはいえ，直接訪問ができなくても，子会社・関連会社から報告を受けやすくなったことも事実である。直接訪問とWeb会議等を適切に組み合わせることにより，実効的なモニタリング体制を構築していかなければならない。

②　親会社のモニタリング資源は有限～リスクアプローチの活用

また，親会社といえども，モニタリングするための資源は有限である。年間を通じて行われる親会社からの往査等のモニタリングについても，人材的・時間的制約から，傘下に有するすべての会社に対して網羅的モニタリングを行うことは不可能である。

このため，モニタリングは，各社のリスクの状況に応じ，リスクアプローチで行う必要がある。その結果，売上，利益，資産等の観点から事業規模が量的に大きい場合や業績が悪化している場合には，親会社によるモニタリングは，比較的頻繁に行われることとなるだろう。

③　子会社のリスクの的確な把握

反面，事業規模が小さい場合や，業績が好調な場合には，不正・不祥事防止という観点からのモニタリングは軽視されがちとなる。親会社と子会社等の事業内容との関連が乏しい場合や，子会社等の事業内容が独自性・専門性を有するといった事情が加われば，親会社側でのリスク把握はさらに困難なものとなる。

実際に発覚した事例をみると，リスクが相対的に小さいと評価された会社からであっても，親会社にとって，金額的に大きな不正・不祥事が発覚しないわけではない。

子会社等に特有のリスクを的確に把握し，モニタリングを適切かつ有効に行うことにより，不正・不祥事の芽を見逃してはならない。

5　海外子会社等の場合の留意点

また，子会社等が海外に存在する場合には，その管理にあたり，以下のような点に留意しなければならないだろう。

⑴　現地における経営管理の徹底

経営管理として，人事や財務に関する事項については，日本本社でルールを策定するとともに，定期的に状況を確認し，現地からの報告を求めるようにする必要がある。

このように，子会社の状況に目を行き届かせた管理を徹底することが大切である。

⑵　現地従業員とのコミュニケーションと定期的な教育・研修

海外事業において不正の発生を未然に防止するためには，現地従業員とのコミュニケーションを円滑に行うとともに，教育・研修を定期的に行うことが重要となる。

このような教育・研修の実効性を高めるためには，会社役員の側でも，現地従業員との親密なコミュニケーションを心がけ，企業理念の共有を図ることが望ましい。このような環境づくりは，従業員の定着につながり，従業員や，その従業員が有する技術・経験等を社外に流失することを防止するという観点からも有益である。

⑶　現地でのネットワーク構築

仮に現地で問題が生じた場合に，親会社として適切かつ迅速な対応をとることが必要となる。このため，さまざまなルートを駆使して，現地の事情に精通した信頼できる専門家や，わが国政府関係機関とのネットワークを構築しておくことが望ましい。

⑷　適用されうる各国の法規制への対応

海外事業の運営においても，当該企業（従業員を含む）に適用されうる日本および現地国の法令の範囲や内容について細心の注意を払う必要がある。特に注意が必要となるのは，一見，無関係にもみえる第三国の法律が適用されるケースである。これについては，コラム「海外贈賄への対応」（208ページ）も参照していただきたい。

第２　具体的な事案～Ｋ社のケース

親会社の適時開示等において，子会社の不正について言及されている事案は数多く公表されている。

そのなかで，海外子会社の会計不正に関する事例を取り上げ，内部統制上の問題点，内部監査上の問題点を検討したい。

１　事案の概要

本件の不正は，海外子会社が，棚卸資産を過大計上することにより，売上原価を減少させ，その結果利益を水増しした，というものである。

調査報告書によれば，本件不正が発覚した経緯は，次のとおりである。

2017年８月，親会社Ｋ社の常勤監査役が，タイの連結子会社であるTK社の財務諸表を確認したところ，同社の棚卸資産の残高が，売上に比して過大であると考えるに至った。

同監査役は，TK社を訪問予定であったＫ社役員に，棚卸資産の実在性の確認を依頼した。同役員がTK社の倉庫を視察したところ，棚卸資産の実在庫は，貸借対照表上記載されている金額には到底満たないものであった。

その後，Ｋ社経理部長等が，TK社において棚卸資産の実地棚卸等を行ったところ，同年９月末日時点において，約６億5,000万円の棚卸資産の過大計上の可能性が判明した。

このように，本件は，財務分析から，棚卸資産残高が過大であるのではないかという，親会社監査役の「違和感」が端緒となった。その後，調査を実施，継続したことにより，海外子会社の不正の解明に至ったのである。

【本件のポイント】

親会社の常勤監査役：売上と比較して棚卸資産が過大であると違和感を持つ
→調査を実施・継続
→棚卸資産の過大計上が発覚

2　本件不正の内容と方法

本件会計不正は，仕掛品と完成品の期末残高を過大に計上することにより行われている。

たとえば，完成品に関する不正の方法は，次のとおりである。

TK社では，後述のとおり，棚卸資産については，業務管理システムからは切り離された形で，TK社の経理部が，エクセルシートにて原価計算および棚卸資産残高の集計を行って管理を行っていた。

そして，経理部において，完成品を各月末に作成される製品ごとの期首残，生産，転出，販売等の数量，価格をまとめたエクセルシートにおいて，期末数量，単価を改ざんし，その結果，期末数量と単価を乗じて計算される棚卸金額を，実際より過大とした。

なお，期末数量については，実地棚卸において，実際の在庫と異なることは発覚するものと考えられるが，後述のとおり，TK社の実地棚卸手続の不備により，その点について把握されることはなかった。

これらの事実を図示すると，以下のとおりである。

【本件不正の方法】

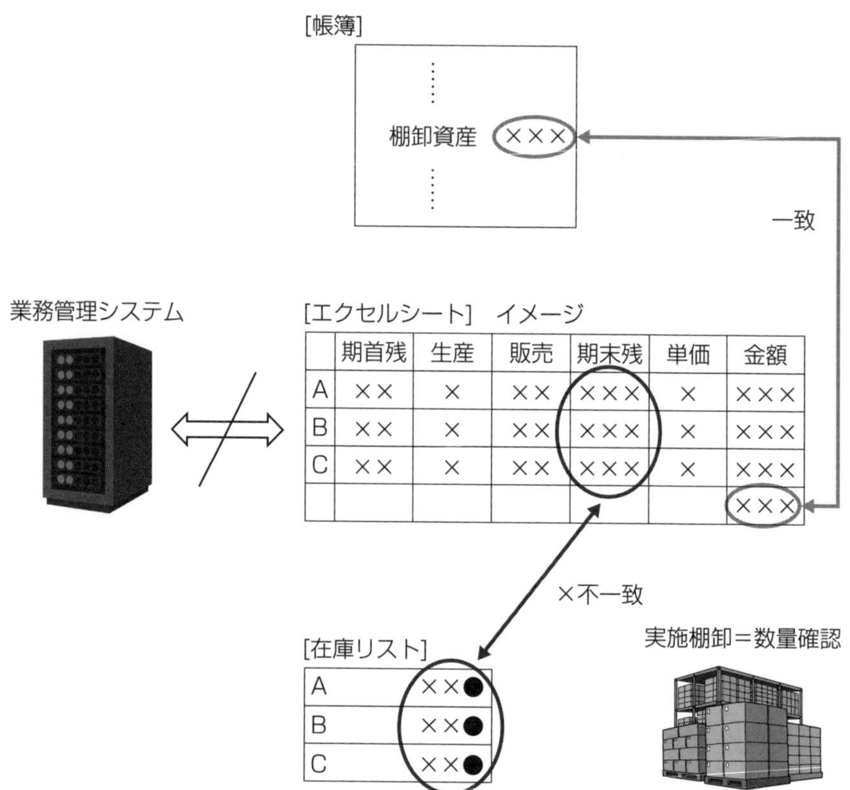

3　本件不正の背景

本件不正が発生した背景としては，以下のとおり，子会社化の経緯や連結決算上の金額的重要性が影響を及ぼしているものと考えられる。

(1)　TK社の子会社化の経緯

調査報告書によれば，TK社がK社の完全子会社となった経緯は，以下のとおりである。

①　TK社の子会社化と従前の体制の継続

TK社は，元々1990年1月に，K社とは異なる3社により設立された合弁会社であった。1993年1月に，K社はTK社の64.8%の株式を譲り受けて子会社化した後，2013年11月に完全子会社化した。

このように，TK社は，K社がM&Aにより買収した会社であるところ，K社子会社化以前の内部体制は，基本的にK社子会社化以降も承継された。また，TK社の経理業務に関しても，担当者等を含め，従前の体制が継続された。

②　棚卸資産の管理方法

TK社においては，K社子会社化以前から，業務管理システムが導入されていた。しかし，棚卸資産の管理については，TK社の経理部が，別途エクセルシートにて，原価計算および棚卸資産残高の集計を行う運用がなされていた。なお，経理部によるエクセルシートでの集計は，原価計算および棚卸資産残高の集計の観点からは一定の必要性が認められるものである。

しかし，このように従前の体制が継続されたことにより，TK社の経理部における棚卸資産の管理は，業務管理システムから物理的に切り離されることとなった。このため，経理部が他の部門による牽制なく恣意的に棚卸資産の金額を操作することも可能な仕組みとなっていたが，このような運用は，K社子会社化以降も継続されることとなった。

(2)　K社連結決算上のTK社の金額的重要性

このような従前の仕組みが継続できたことは，K社連結決算上のTK社の金額的重要性が影響を与えたものと考えることができる。

調査報告書によれば，TK社の売上高は，直近の2017年3月期では，K社グループの連結売上高の1%強を占めるにすぎなかったようである。

このような状況から，TK社は連結決算上では金額的に重要とまでは考えられていなかった。これが，上記のようなK社によるTK社の管理状況に影響を与えていたものと考えられる。

【本件のポイント】

■従前の管理状況の継続

- 他社出資の合弁子会社を最終的には100%子会社化
  →子会社化後も，従前の体制が継続
  →この結果，子会社の棚卸資産の管理が業務管理システムから切り離されることとなった。

■連結上の量的な重要性

- 子会社 TK 社は，連結上の重要性はなかった
  →管理状況について，従前から特段変化させることがなかった

第3　内部統制上の問題点

1　本件不正の発生原因

では，まず本件不正について，TK 社の内部統制上，どのような問題点があったのであろうか。

本件不正について，調査報告書を適宜引用しながら，不正のトライアングル仮説の観点から整理してみたい。

(1)　動機・正当化

調査報告書によれば，本件不正は，経理部長が，TK 社の利益を，予算の着地見込みに近づけることを意識して行われていたものと考えられる，とされている。

①　子会社存続のための利益確保

TK 社は，2011年3月期以降，営業利益を確保することができない状態が恒常化していたようである。

さらに，TK 社では，主力事業における日本への売上の縮小傾向が意識されるようになり，2012年頃から，事業拡大を目指して，自社ブランドにより製造・販売するB to C 事業が開始された。しかし，TK 社の業績は，この結果，むしろさらに低迷することとなった。

このようなB to C 事業の失敗，その後の TK 社の経営状況が，本件会計不正およびその拡大の要因となったものと考えられる。すなわち，調査報告書においては，TK 社が赤字決算を継続することにより，いずれ親会社のK社が，TK 社を存続させないという決断をするかもしれないというおそれが，本件会計不正を行わせる「動機」になった可能性が高い，とされている。

②　組織存続のためという正当化

このような状況のもと，利益をかさ上げし，親会社に対して経営状態をよくみせるという不正行為は，たとえそれが不正であったとしても，それは「個人的な利得」のためではなく，「組織存続」のためという，自分自身にいいわけを与えることとなる。

このような意識が，不正のトライアングルにいう「正当化」につながったものと考えられる。

【本件のポイント】

B to C 事業の失敗，その後の TK 社の経営状況 →子会社存続のための会計不正 →「会社の存続のため」が動機であるとともに，正当化の根拠となった

(2)　機　会

①　経理部の体制と他部門からのチェックの欠如

調査報告書によれば，TK 社における経理部の人員は，経理部長も含めて数名しかいなかったようである。

経理部において，実質的な判断を行っていたのは経理部長だけであり，その部下である経理部員は，経理部長の指示に基づいて，機械的な事務作業を実行しているにすぎなかった。

✓　経理業務を前提とした他部門からの牽制の欠如

また，前述のとおり，経理部における棚卸資産の管理は，TK 社の当社子会社化以前から，業務管理システムから物理的に切り離され，経理部が別途エクセルシートを作成して行う運用となっていた。

これにより，経理部が他の部門による牽制なく，恣意的に，棚卸資産の金額を操作することも可能な仕組みとなっていた。

ただし，経理部において，決算処理の過程で，棚卸資産の評価等に係る修正処理を行うこと自体は，「通常行われる」業務である。むしろ，このようなTK社経理部における棚卸資産の管理状況を前提に，棚卸資産に関して，経理部以外の者によるチェック機能が働かなかったことが，本件会計不正の最大の要因であり，「機会」となったものと考えられる。

②　実地棚卸の問題点

本件不正の結果，会計帳簿につながる，経理部が作成したエクセルシートは，数量が実地数量より過大に記載されていたものと考えられる。

このように数量がかさ上げされていることについて，棚卸資産を実地棚卸する際に，確認できなかったのであろうか。

TK社では，少なくとも半期に一度は，実地棚卸がなされていたようである。しかし，このような実地棚卸が行われていたにもかかわらず，本件会計不正が，長年にわたり発覚しなかった理由は，以下のようなものであった。

ア　実地棚卸のルールの不存在

調査報告書によれば，実地棚卸に係る業務フローについても，①TK社においては，本件発覚以前は，実地棚卸についてルールが存在せず，在庫のカウント方法についても，棚札を用いたカウントの正確性や網羅性を担保するための施策，統制等は存在せず，現場から上がってくるカウントに関して，その正確性や網羅性を検証する手立てがない，という問題があった。

結果として，仮に現場で計数ミスが発生しても，そのミスがそのまま会計帳簿上に反映されるという仕組みになってしまい，会計帳簿上の在庫と実在庫との差異を発見することができないという問題点があった。

このように，実地棚卸において，適切なルールがなかったという点も問題点の1つである。

イ　実地数量と会計帳簿の基礎となる数量との突合が行われていなかったこと

次に，そもそも，上記のとおり，TK社における棚卸資産の管理は，業務管理システムから物理的に切り離され，経理部が別途エクセルシートを作成して行う運用となっていた。

このような状況にもかかわらず，実地棚卸において，現場で管理されている在庫リストと，会計帳簿作成の基礎となる在庫リスト（おそらくエクセルシートの数量であると思われる）との突合は，これまで全く行われていなかったようである。

本件で一番大きなポイントは，このように実地棚卸でカウントされた数量と棚卸資産の帳簿残高の基礎となる数量が突き合せられていないという基本的な点が見過ごされていたことである。

【本件のポイント】

■経理部の体制に関する問題点

- 経理部での人員不足
- 経理部以外から，経理部に対する牽制・チェック機能が働かなかった

■棚卸に関する問題点

- 棚卸の適切なルールが不存在
- 特に問題である点は，実地棚卸において，現場で管理されている在庫リストと，会計帳簿作成の基礎となる在庫リストとの突合が行われていなかったこと

2　改善のポイント

では，K社ないしTK社としては，どのように管理体制を改善すべきであろうか。

(1)　経理業務に対するチェック体制の構築

子会社の経理を管理する最終的な責任は，その経営者，すなわち子会社社長

にある。しかし，子会社社長は，子会社全体を統括する必要があるうえ，必ずしも経理業務に精通する人物がなるわけではない。

そのため，調査報告書によれば，今回のような会計不正の再発を防止するためには，会計知識を有する適任者を，TK社の経理責任者として親会社から派遣する，少なくとも，親会社経理担当者が，子会社の経理処理をチェックできる体制を構築する必要があるとされている。

✓　経理業務のブラックボックス化を防ぐ

このように子会社管理においては，必ずしも管理業務に明るい人物がマネジメント層に存在しない可能性もある。このため，管理業務がブラックボックス化し，牽制機能が十分に働かないことも起こりうる。

もちろん，管理業務にある程度知見を有する人物を配置することが望ましいが，親会社の適切なモニタリング体制を構築することが必要であろう。

(2)　実地棚卸の適切な実施

本件のような過大な棚卸資産の計上を防止するためには，実地棚卸を適切に実施して，実在庫の数量を把握し，それが会計帳簿に紐づく在庫リストの数量と一致するかを定期的に把握することが有効である。

✓　実地棚卸はなぜ行うのか

この点，前述のとおり，TK社においては，そもそも実地棚卸がなぜなされているかについての理解が不十分であったと思われる。

実地棚卸は，実際にある数量をカウントし，帳簿上の数量と相違があれば，帳簿の数量を実際の数量に修正し，棚卸資産の帳簿残高を実態に合わせるための作業である。

このように，実地棚卸は，最終的には，帳簿数量を実地数量に修正する作業であることを考えれば，帳簿につながる在庫表（本件でいえば，経理部で作成していたエクセルシートの数量）が，実際の数量と一致しているかを確認しなければ意味がないこととなる。

この点について，TK 社において，なんら突合による確認がなされていなかったことが，本件の会計不正が成立した最大のポイントであろう。

このような「当然なされているであろう」作業がなされていないことが，穴となって，不正が長期間にわたって発覚しなかった例は多い。見落とされがちではあるが，このような基本的な動作の重要性を気づかされる事例である。

【本件の改善ポイント】

- 子会社の管理業務のチェック体制の構築
  →子会社に適切な人物を派遣，親会社のモニタリングによる補完
- 実地棚卸の意義を再確認

第4　内部監査の問題点

では，まず本件不正について，内部監査として，どのような問題点があったのであろうか。

親会社の内部監査という視点とともに，親会社主管部署のモニタリングという観点も含めて，整理してみたい。

1　親会社の内部監査の状況

(1)　実地棚卸に対する内部監査

本件における，実地棚卸の問題点は前述のとおりであるが，なぜこの点について，内部監査は適切な指摘ができなかったのであろうか。

①　内部監査における指摘

この点，調査報告書によれば，内部監査の結果を記載した，監査結果通知書または内部監査報告書等には，TK 社における実地棚卸に関する記載が，何か所か見られるようである。

たとえば，2011年の内部監査報告書においては，棚卸の実施方法について定められたルールが存在しない旨が指摘されていた。しかし，この指摘に対して，TK 社において，その後ルールは定められることはなく，適切な改善がなされたわけではなかったようであるが，その後の監査資料からは棚卸の実施方法についてのルールに関する明示的な記載がなくなってしまった。

また，複数年の監査結果通知書には，棚卸資産の実地棚卸立会いが重点監査項目として掲げられており，「付記事項」のなかに，棚卸資産の増加についての言及が見られるものも存在したようである。

しかし，TK 社における棚卸資産の状況は，監査結果報告書において，改善事項として指摘されていなかった。

②　内部監査における問題意識

むしろ，ある年度の監査結果報告書においては，内部統制上ではIT統制が有効と判断された場合は，自動処理された結果をサンプルチェックする必要はなく，「人的なチェック体制は，業務の効率性の観点から必要性が低い」と記載されていたようである。

このように，棚卸のルールは未整備であり，内部統制としては脆弱な状態であったにもかかわらず，効率性の観点から人的なチェックは不要という，このような問題意識と逆方向の指摘がなされていたのである。

このように，内部監査においては，わざわざ重点監査項目として取り上げておきながら，実地棚卸が明確なルールに基づいて実施されていないことへの問題意識がみられなかった。

すべてを内部監査に帰責することは酷であるが，このような問題意識の欠如は，大変残念であったといわざるをえない。

(2)　実地棚卸表等の資料の不提出

また，ある年度においては，内部監査担当者は，往査の事前準備として，TK社に対し直近4か月分の実地棚卸表等，棚卸資産の状況に関する資料の提供を求めた。

しかし，TK社の経理部長が，結果として提出をしないということがあったようである。

①　内部監査担当者の対応

これに対し，当該担当者は，上記資料の提出を一度だけ催促したものの，さらに強く求めることはなかったようである。

調査報告書によれば，当該担当者は，その理由について，電子メールに添付できるファイルの容量の上限が，5メガバイト程度に制限されていたことからファイルを送付できなかったものと理解し，かつこの資料は，往査の主目的との関連性が小さいことから，催促した資料の提出がないことを特に問題視しなかった，と述べている。

当該担当者は，上記のとおり資料の提出を強く求めることはせず，本件会計不正を発見する機会を逸することとなった。さらに，調査報告書によれば，当該年度の監査結果通知書等においても，上記資料が提出されなかったことへの言及はなく，資料が提出されなかったことをもって棚卸資産の管理状況への問題意識を強めた様子は見受けられなかったようである。

この監査担当者が，① TK 社の経理部長が要求された資料を提供しない理由を追及する，②このような資料も準備できない TK 社の棚卸資産の管理状況に問題意識を持って往査に臨む，という対応を行っていれば，本件会計不正を早期に発見できた可能性はあったように思われる。

②　内部監査担当者として留意すべき点

この点，当然備えているべき資料，作成に時間がかかるわけではない資料がなかなか提出されないことが，不正の存在を推認させることもある。

内部監査担当者として，資料の提出を再三再四督促することは，心理的にも負担が大きいことではあるが，このような資料の不提出や遅滞から，何らかの不正が潜んでいるかもしれないという違和感を抱くことは重要である。

特に，このような資料の不提出や遅滞が，次期以降も「継続」するようであれば，十分に注意する必要がある。

(3)　親会社等の関連部署間の連携不足

内部監査のみならず，親会社としてのモニタリングについても，一定の問題点を指摘できる。

調査報告書によれば，親会社の海外事業部，経理部，監査部等において，TK 社の棚卸資産が過大であることが，数年前から度々話題に上り，指摘がなされていたようである。

しかし，本件が発覚するまでは，これらの指摘を契機とした棚卸資産の確認や調査が十分に行われることはなかった。また，海外子会社に関する問題意識に対して，どのように対応しフォローアップしていくか，どの部門が責任をもつのかという点について，部門間の協議，ないしは連携が不十分であり，責任の所在が明確とはいえなかったようである。

✓　各部門の認識～縦割り意識

調査報告書は，その要因として，以下のように指摘している。

海外子会社は，当社海外事業部が管理するものとされ，他の部門としては，海外子会社に関する事項は，海外事業部に任せておけばよいと考えることが多い。一方で，海外事業部は自らが不得手な業務分野については他部署が対応するだろうとの意識を持っていたように思われ，いわゆる「縦割りの意識」がそれぞれの部署にあったことが1つの要因となっているのではないか，と言及している。

また，調査報告書によれば，他の部門が海外子会社に関して何らかの指摘や質問を行う場合も海外事業部を通すことが通例とされていた。このため，それが上記の縦割り意識と相まって，各部署がTK社から十分な回答が得られない場合であっても，海外事業部がそれ以上追及しなければ，他部署もそれ以上の追及をすることに遠慮が生じ，踏み込んだ対応ができないという弊害が生じていたようである。

【本件のポイント】

- 内部監査での問題意識・リスク認識の重要性
- 資料の未提出から，リスクを認識
  →なぜ未提出かについて，合理的な理由があるか判断すべき
- 親会社の責任部門の縦割り意識

2　改善のポイント

では，親会社のモニタリングとして，どのような点を改善していくべきであろうか。

(1)　主管部門の意識と組織の強化

海外子会社における会計不正を防止するためには，まず「主管部門」が十分にその責任を全うする必要がある。

本件会計不正では，まず主管部門である海外事業部は，海外子会社の管理において自身が果たすべき役割を意識し，それを確実に実行するような体制を構築することにより，子会社に対するモニタリング体制を強化していくことが必要である。

そのためには，海外事業部の担当者自身が，各子会社に積極的に往訪し，その抱える問題を実感を持って把握するとともに，現地の抱える問題点やトラブルについて，その状況を踏まえた解決手段・方法を検討することが重要である。

(2)　監査部の海外子会社に対する監査機能の強化

調査報告書によれば，内部監査部門が，本件会計不正においてチェック機能を果たすことができなかった根本的な原因は，監査部員が本来有するべき懐疑心，海外往査の経験および会計知識を十分に有していなかったことにあるとされている。

このような内部監査部門が保持すべき「懐疑心」については，内部監査規程にも「監査専門職としての正当な注意を払い，懐疑心を保持して，監査業務を遂行しなければならない」とされている。しかし，このような懐疑心を醸成することは，必ずしも容易ではない。

このような懐疑心を醸成するためには，典型的な不正会計処理の実例を学ぶ研修等を実施し，監査のポイントについての経験値を高めていくことが必要である。

さらに，実際に，海外子会社の監査経験を積むことにより，On the Job トレーニングによって，内部監査部員の監査能力を高めていくことも重要であろう。

(3)　海外事業部，経理部，監査部等の関係部門の連携強化

親会社K社においては，前述のとおり，海外事業部が，海外子会社管理の第1次的な責任部門とされている。とはいえ，海外子会社の会計基準や内部統制の構築など，経理部などの管理部門の知見が有用な場面は少なくない。

このように，子会社管理においては，親会社の関連各部門が連携して，問題点の把握やその解決にあたることが求められる。

そのためには，各部門の問題意識を共有し，対応について協議するための場を作ることが有用であろう。たとえば，月次報告会といった場において，海外子会社の状況や問題点について情報共有や協議をしていく仕組みづくり等が考えられるだろう。

さらに，問題点が生じた場合には，そのような報告会を単なる情報共有で終わらせることなく，具体的な対応を検討して実行すること，さらにその状況をモニタリングすることを含めて，フォローアップすることが必要だろう。

【本件の改善ポイント】

- 主管部門の意識と組織の強化
- 監査部門の経験値の向上
- 関係部門の連携を強化

【本件のまとめ】

常勤監査役の違和感から，海外子会社の粉飾が発覚
→子会社特有の管理体制の脆弱性から不正が長期化
→親会社としてのモニタリングや内部監査のリスク認識の欠如

【本件から学ぶ海外子会社に関する内部監査のポイント】

①　事前準備

□　財務分析から，リスクの高い項目を選定することが有用

□　海外拠点の現状や問題点について十分に情報を入手

- 現地の法制度，規制，政治経済情勢，安全や衛生に関する状況の確認
- 業務体制・管理体制の把握
  人員構成，システム，規程類の整備状況
- 子会社等の場合には，沿革や管理体制の状況に留意

※特に M&A により他社から譲渡を受けた会社の場合には，企業文化が異なる可能性があるので十分に留意する

②　監査の実施（往査）

□　さまざまな職位の現地職員にインタビューを行うことが有用
企業文化に違いがないか
本社と異なる業務プロセスがないか

□　発見事項については，現地担当者と十分ディスカッションを行う

□　未提出の資料がないか，提出が遅延している資料がないか
→そのような状況が継続するようであれば要注意

③　監査報告

□　監査報告にあたり，指摘・改善事項については，現実的な改善策となるように配慮

例）人員が少ない子会社に，親会社と同様の管理体制を前提とした規程を策定しても意味がないことが多い

コラム

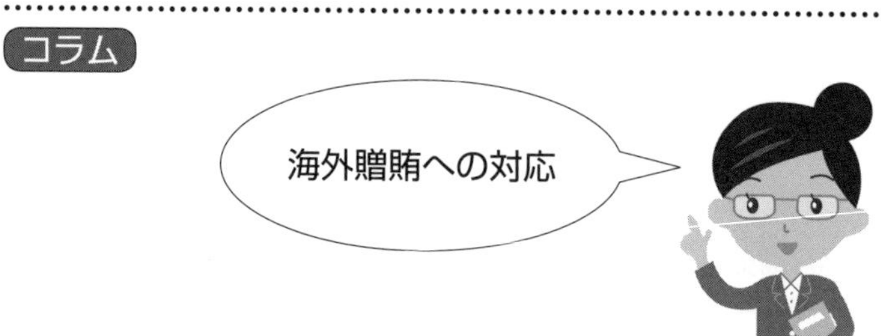

①　増大する海外贈賄のリスク

近年，世界各国で海外贈賄防止規制が強化されている。このため，日本企業が，海外での事業において贈賄に関与した場合，法令違反として摘発・処罰されるリスクが急速に高まっている。

わが国においては，不正競争防止法18条が外国公務員贈賄罪を規定し，外国公務員等に対する不正の利益の供与等を禁止している。この不正競争防止法が問題になった事例としては，たとえば次のような事件がある。

【PCI の不正競争防止法違反事件】

●　事案の概要

日本企業である株式会社パシフィックコンサルタンツインターナショナル（通称「PCI」）が，ベトナムの高速道路の建設事業のコンサルティング契約で有利な扱いを受けるため，ベトナムの担当者に対し，２回に分けて合計82万米国ドルを提供した。

●　裁判所の判断（東京地判平成21年１月29日）

日本の裁判所は，PCI に対し7,000万円の罰金を科し，PCI の主たる業務担当者の３名に対しては，それぞれ懲役２年，懲役１年６か月，懲役１年８か月の刑に処し，全員に３年間の執行猶予を付けた。

ア　外国規制の日本企業への適用

これに加え，米国の海外腐敗行為防止法（FCPA：Foreign Corrupt Practices Act）・英国の贈収賄法（UKBA：Bribery Act）などの外国規制が，日本企業に適用される危険性も高まっている。

たとえば，米国当局は，非米国企業に対しても積極的に FCPA を適用しており，すでに複数の日本企業が新興国・途上国において贈賄行為に関与したとしてFCPAの適用を受け，摘発・処罰されている。

日本企業がFCPAに違反した事件としては，大手エンジニアリング会社である日揮株式会社と，丸紅株式会社が関与した次の事件がある。

【丸紅日揮事件】

● 事案の概要

日本企業の日揮株式会社と，アメリカで証券を発行するアメリカ企業のK社とフランス企業のT社，そしてイタリア企業のS社が共同で設立した多国籍合弁会社TSKJが，ナイジェリアでの液化天然ガス施設の建設を受注するため，丸紅株式会社等を介して，ナイジェリア政府が関与する会社に対し現金を支払い，約60億米国ドル以上の価値のある契約を締結した。

贈賄として供与された現金の支払は，オランダの銀行口座からアメリカの銀行口座を経由して，スイスとイタリアの口座へ電信振込によりなされた。

日揮株式会社と丸紅株式会社は，アメリカ企業のK社などとともに，この電信振込に関係したことについて，FCPA違反の認定を受けた。

● アメリカ司法省などとの和解処理

この事件では，日揮株式会社と丸紅株式会社は，アメリカでの訴追を免れるため，アメリカ司法省などとの間で和解をした。日揮株式会社は平成23年4月6日，丸紅株式会社は平成24年1月17日に，和解成立が公表されている。

この結果，日揮株式会社は約182億円，丸紅株式会社は約42億円を罰金として支払うこととなった。

このように，日本企業が海外事業において贈賄に関与したことが発覚した場合，巨額の罰金が科せられたり，場合によっては役職員が身柄拘束を受ける危険性がある。それればかりではなく，取引先から取引を停止され，社会からも厳しい批判を受け，企業価値が著しく毀損する事態に発展しかねない。

特に，法の支配が確立していない新興国・途上国における贈賄への関与は，相手国政府による規制の適正な執行をゆがめる。当該国の社会全体の腐敗を助長することに加え，環境・労働・人権に関する問題をも悪化させるものである。このため，関与企業は，社会的に厳しい批判を受け，企業価値を大きく毀損する危険性がある。

以上から，海外贈賄防止は，企業がその社会的責任や人権尊重に関する責任を果たすにあたっても，不可欠な取組みの1つとなっている。

イ　海外贈賄問題は，企業価値毀損に直結する重大なリスク

このように海外贈賄問題は，わが国企業にとって，企業価値の毀損に直結する重大なリスクとなっている。

経済産業省は，2004年５月に，外国公務員贈賄防止指針（以下「経産省指針」という）を作成した。これは，国際商取引に関連する企業における外国公務員等に対する贈賄防止のための自主的・予防的アプローチを支援することを目的としたものであり，直近の2021年５月の最終改訂まで，６回改訂がなされている。

特に，2015年７月の改訂においては，外国公務員贈賄防止体制の有効性の向上を図るための方策として，「経営トップの姿勢・メッセージの重要性」「リスクベース・アプローチ」「子会社における対応の必要性」「有事における対応の必要性」など，新たな視点が盛り込まれている。

【ポイント】

海外贈賄のリスク
- 国内規制：外国公務員贈賄罪
- 外国規制の日本企業への適用

　→経済産業省が，外国公務員贈賄防止指針を作成・数度改訂

②　法的規制

ア　国際的な法規制の枠組み

OECD（経済協力開発機構）は，開発を強化し，貧困を減らし，市場への信頼を支えるため，国際商取引における贈収賄と闘う活動を行っている。

1997年に「国際商取引における外国公務員に対する贈賄の防止に関する条約」（以下「賄賂防止条約」という）を策定し，先進国を中心とした各国の共同歩調のもと，外国公務員贈賄防止について，同等の措置を講じることとなった。わが国はこの条約に批准しており，国内での実施のため，1998年に不正競争防止法を改正した。

条約の主な内容は，以下のとおりである。

【条約の主な内容】

(1)　**犯罪の構成要件**

○ある者が故意に，

○国際商取引において，商取引又は他の不当な利益を取得し又は維持するため

に,
○外国公務員に対し,
○当該外国公務員が公務の遂行に関して行動し又は行動を差し控えることを目的として,
○当該外国公務員又は第三者のために，金銭上又はその他の不当な利益を直接に又は仲介者を通じて申し出，約束し又は供与すること

⑵ **外国公務員の定義**
○外国（外国の地方公共団体も含む）の立法，行政，司法の職にある者
○外国の公的機関（公共の利益に関する特定の事務を行うために特別の法令によって設立された組織）の職員等外国のために公的な任務を遂行する者
○公的な企業の職員等外国のために公的な任務を遂行する者
○公的国際機関の職員又は事務受託者

⑶ **制　裁**
○効果的で，均衡がとれたかつ抑止力のある刑罰
○刑罰の範囲は，自国の公務員に対する贈賄罪と同程度
○法人も処罰
○賄賂及び贈賄を通じて得た収益の没収又は同等な効果を有する金銭的制裁
○追加的な民事上又は行政上の制裁を科すことも考慮

⑷ **裁判権**
○属地主義を原則として裁判権を設定
○属人主義については，各国の法原則に従って，これを採用すべきか決定

⑸ **資金洗浄**
○自国の公務員に関する贈賄又は収賄と同一の条件で資金洗浄に係る法制を適用

⑹ **その他**
○上記以外に，条約の実効性を確保するため，会計，相互援助，犯罪人引渡し，各国の実施状況のフォローアップ等をあわせて実施

（出所）　外国公務員贈賄防止指針

加えて，国連においても，2003年12月に，先進国のみならず，開発途上国も広く参加した形で，「腐敗の防止に関する国際連合条約」（UNCAC）の署名が行われている。

イ　海外の法令およびその域外適用

賄賂防止条約加盟国の法制度・運用状況については，OECDにおいて随時フォローアップされているところであり，これを通じて，関係国の情報を入手することが可能である。

2003年6月には，外務省において，諸外国における法制度等の調査を実施した。その結果，米国，韓国，ポーランド，カナダ，スウェーデンの5か国において，起訴事例（米国では45件，韓国では2件，スウェーデン1件，カナダ1件）が報告されている。

特に米国は，その国内法であるFCPAを，積極的に域外適用している。

✓　FCPAの概要と域外適用のポイント

FCPAの概要と域外適用のポイントは，次のとおりである。

【FCPAの概要とポイント】

(a)　規制対象となる主体の範囲

FCPAは，

①　米国での証券発行体（上場企業等），
②　米国企業および米国市民，
③　米国内での贈賄行為の実行者および
④　①から③の者と共謀して贈賄行為を行った者

による米国外の収賄者（外国公務員，外国の政党およびその職員ならびに外国の公職候補者等）に対する贈賄行為を規制している。

日本企業としては，特に③および④に注意する必要がある。

まず，③については，米国において贈賄行為の全部または一部を行った者がこれに含まれるが，この要件は広く解釈されている。米国内で物理的に賄賂の授受が行われていなくても，たとえば，米国内の銀行口座に賄賂が送金された場合，賄賂に関するメールが米国を介して送受信された場合や，コンサルタント等の第三者が贈賄行為を行った可能性を認識しながら当該第三者を使用した場合等には，③に該当するものとされている。

④についても，たとえば，米国企業がパートナーとして参加している合弁企業に日本企業が出資し，その合弁企業が外国公務員等に対して贈賄行為を行った場合，当該日本企業についても「共謀」があったとして，FCPA違反を追及される可能性がある。

(b)　**規制対象となる賄賂の範囲**

FCPAは，営業上の利益を得る目的で，外国公務員に対して，腐敗の意図（外国公務員等にその公的立場を濫用するよう誘導する意図）を持って行う利益の供与を禁止している。

この「利益」には，一般的に人を満足させる価値のあるものが広く含まれる。他方で，社会通念に照らし，「合理的かつ善意」なもの等は，禁止の対象とされない。

なお，特に，ビザや許認可等の行政サービスに係る手続の円滑化を目的として，外国公務員に少額の金員の支払をすること（ファシリテーション・ペイメント。以下「FP」という）については，一定の要件のもとで，賄賂から除外される。FPに該当するか否かは，当該利益の提供目的により判断され，供与される利益の額により決まるものではない。

しかし，合理的な理由のない高額の利益の供与は，行為者の腐敗の意図を推認させるため，FPに該当するか否かの判断は，金額の多寡もあわせて考慮して，慎重に行われるべきとされている。

(c)　**FCPAに違反した場合のペナルティ**

FCPAの贈賄禁止規定違反に係る法定刑は，

- 法人の場合には200万ドル以下の罰金，
- 役員・従業員等の個人には25万ドル以下の罰金または5年以下の禁固刑およびその併科

とされている。

しかし，それにとどまらず，違反行為によって利益を得，または損害を生じさせた場合には，法人または個人を問わず，その利得または損害の2倍まで罰金を加重することが可能とされている。

この点，前述の丸紅日揮事件では，日揮株式会社は約182億円，丸紅株式会社は約42億円もの罰金を支払っている。

ウ　国内法

わが国においては，前述のとおり，賄賂防止条約の締結にあたり，1998年に不正競争防止法を改正し，外国公務員に対する贈賄行為に対して刑事罰を導入する等の対策を講じた。

不正競争防止法における，外国公務員贈賄罪の概要とポイントは，次のとおりである。

【不正競争防止法の外国公務員贈賄罪の概要とポイント】

(a)　外国公務員贈賄罪の構成要件（法18条1項）

何人も，外国公務員等に対し，国際的な商取引に関して営業上の不正の利益を得るために，その外国公務員等に，その職務に関する行為をさせもしくはさせないこと，またはその地位を利用して他の外国公務員等にその職務に関する行為をさせもしくはさせないようにあっせんをさせることを目的として，金銭その他の利益を供与し，またはその申込みもしくは約束をしてはならない。

⇒　外国公務員等に対し，国際的な商取引に関して，営業上の不正の利益を得るために，贈賄等をすることを禁止

⇒　「営業上の不正の利益」について

- 通関時など現地政府からの合理性のない差別的な取扱いを避けるための支払であっても，拒絶が原則
- 虚偽記録や正規でない承認手続は，不正を推認させる要素になる
- 純粋な社交や自社商品への理解を深めることが目的である贈答，接待，視察旅費の負担等は必ずしも賄賂とはならない可能性がある

(b)　「外国公務員等」の定義（法18条2項，不正競争防止法18条2項3号の外国公務員等を政令で定める者を定める政令）

- 外国の政府または地方公共団体の公務に従事する者（1号）
- 外国の政府関係機関の事務に従事する者（2号）
- 外国の公的な企業の事務に従事する者（3号）
- 公的国際機関の公務に従事する者（4号）
- 外国政府等から権限の委任を受けている者（5号）

の5つに分類される。

⇒　「外国の公的な企業」とは，外国の政府または地方公共団体が，

①　議決権のある株式の過半数を所有している

②　出資金額の総額の過半数に当たる出資を行っている

③　役員の過半数を任命もしくは指名している

のいずれかに該当する事業者（公益法人等も含まれる）およびこれに準ずる者として政令で定める者である。

これに準ずる者として政令に定める者は，外国の政府または地方公共団体が，

①　総株主の議決権の過半数の議決権を直接保有している

②　株主総会での全部または一部の決議について許可，認可，承認，同意等を行わなければ効力が生じない黄金株で支配している

③　間接的に過半数の株式を所有することなどにより事業者を支配しているのいずれかに該当する事業者である。

(c)　罰　則

- 5年以下の懲役もしくは500万円以下の罰金（またはこれの併科）（法21条2項7号）
- 法人両罰は3億円以下の罰金（法22条1項3号）

以上のように，海外贈賄問題は，わが国企業にとって，企業価値の毀損に直結する重大なリスクとなっていることを認識し，適切な管理体制を構築していかなければならない。

■より深く学ぶために

- 「外国公務員贈賄防止」（経済産業省）

https://www.meti.go.jp/policy/external_economy/zouwai/index.html

海外贈賄の法規制・防止条約の内容，指針・指針のてびき，パンフレット等，海外贈賄防止のための最新の情報が掲載されている。

- 「外国公務員贈賄防止指針」

https://www.meti.go.jp/policy/external_economy/zouwai/pdf/GaikokukoumuinzouwaiBoushiShishin20210512.pdf

国際商取引に関連する企業が海外贈賄防止のための自主的・予防的アプローチを支援することを目的として策定されたものである。企業が海外贈賄防止対策を講じるにあたっての参考となる情報を提供している。

海外贈賄が問題となった事案

●　事案の概要

✓　東京国税局からの追徴課税

鉄道（土木・軌道）に関するコンサルタントを主な事業内容とするＮ社（未上場）は，国内本支店のほか，インドネシア等に海外駐在事務所を置き，海外においても鉄道設備に関する調査，測量，設計，施工管理等の業務を行っていた。

Ｎ社は，2013年４月16日からの東京国税局による税務調査により，約１億円の追徴課税を受けることとなった。

✓　海外公務員に対する利益供与

その後の報道機関の報道に対し，Ｎ社は，プレスリリース「一部報道についての当社の今後の対応について」において，① ODA に伴う海外事業において，海外公務員に対する利益供与が行われた疑義につき，捜査機関に対して，すでに本件に関する情報の提供を申し出ていること，②本件に関する事実関係の調査，原因分析および再発防止策の提言を委託する第三者委員会を設置したこと，③今後の対応としては，捜査機関および第三者委員会による調査に対して全面的に協力していくこと，を公表した。

その後，第三者委員会が，2014年４月25日付で，調査報告書（以下「調査報告書」という）を提出した。調査報告書においては，Ｎ社が，ベトナム，インドネシアおよびウズベキスタンで受注した事業について，総額約１億6,000万円のリベートを関係者に提供したものと認定している。

本件の関係を図示すれば，次のとおりである。

【本件の関係図】

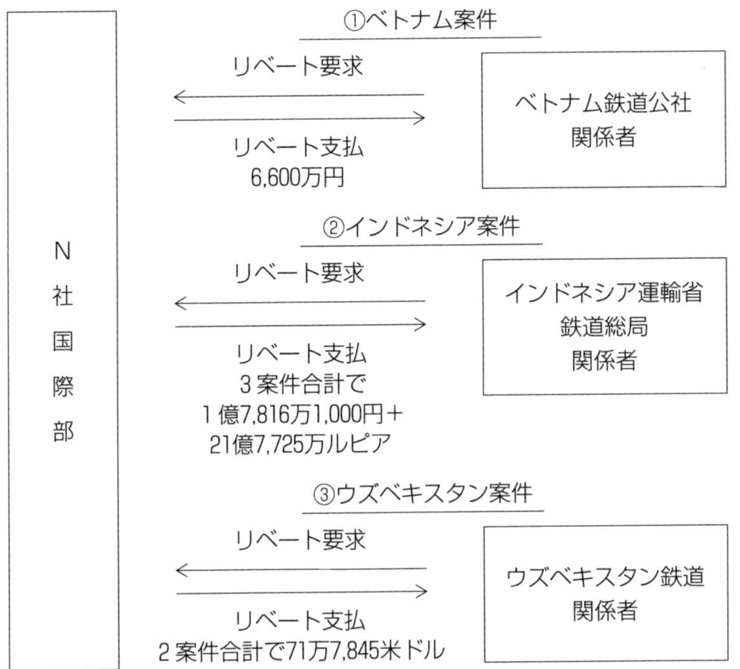

なお，最終的に，法人としてのN社および同社の経営幹部3人が，不正競争防止法違反容疑で起訴され，2015年2月4日付で有罪判決の言い渡しを受けている。

さらに，本件に関連して，N社は，独立行政法人国際協力機構（JICA）からODA事業への契約締結・参加停止処分を受け，2014年12月26日付で，同業他社に事業部門を一部譲渡する形で，海外事業から撤退することとなった。

● 内部監査の問題点〜N社の内部監査の状況

N社は，未上場であり，従業員数が合計194名（2013年末現在），役員構成が取締役8名，監査役1名の会社であった。

当時のN社の組織図において，内部監査部門は明示されておらず，本件贈賄事件当時，内部監査部門は設置されていなかったものと見受けられる。

●　内部監査部門として学ぶべきポイント

会社の規模が一定規模以上になり進化・深化していく過程では，製造・販売等の現業部門の管理・監督を担う部門，また一定の独立した立場でモニタリングを行う部門を整備し，その実効性を高めていかなければ，会社は存続の危機に瀕する可能性もある。

特に，ODAも絡む海外事業のような大型のプロジェクトを行う場合，たとえ未上場であっても，リスク管理の一環として，相応の内部管理体制の整備が必要である。モニタリング機能を果たす部門として，専門部署の設置が望まれるところである。

N社においても，本件の後，「コンプライアンス監査室」が設置され，モニタリングの専門部署が設置された模様である。

✓　内部監査部門として意識すべきこと

本件における調査報告書によれば，内部監査の手法として，たとえば，腐敗リスクの大きい新興国での業務について，経理部門における「不明瞭な」支出がなされていないかについてチェックを行うことが考えられる，としている。これにより，証拠が残りにくいリベート授受の事実の端緒が得られるとともに，リベートに対する牽制になると考えられるからである。

また，実際に現地事務所に赴き，業務の状況をヒアリングすることにより，リベート授受の事実の端緒が得られる可能性があるとともに，リベートに対する牽制として有効な方法と考えられる。

いずれにせよ，このような不明瞭な支出を発見した場合，その理由が「合理的」であると考えられるまで，徹底的に理由を追及するという姿勢を持つことが重要であろう。

✓　会社として対応すべきこと

とはいえ，このような徹底調査は，内部監査部門のみでできることではない。

調査報告書においても指摘されているが，贈賄行為が発覚する可能性，さらにそれが企業の存続にまで発展する可能性が高まっていることを，経営陣も含め，その危機感を社内で共有するべきである。

現場の最前線にいる従業員が，案件受注のための賄賂供与は，「会社のため」であるとして「正当化」する意識を持つことは，想像に難くはない。しかし,「これまでやってきたことだから，今さらやめられない」「この国の習慣だから仕方がない」「これまで大丈夫だったから，これからも摘発されないだろう」などという論理で，従前からの対応を改めようとしないことは非常に危険である。

このため，経営トップが「利益獲得のために不正な手段を取ることなく，迷わず法令遵守を貫くことが中長期的な企業の利益にもつながること」「過去に法令遵守を軽視する企業文化があったとしても，そのような「旧弊」は断ち切らなければいけないこと」というメッセージを強い姿勢で発信することが必要である。

なお，日本政府とJICAは，ある種の内部通報窓口として,「不正腐敗情報受付窓口」を設けている。これを利用した場合，通報者は保護され，日本政府，JICAは相手国政府に対して適切な対応を求めることになっている。適切な情報提供がなされた案件については問題解決がなされている模様であり，積極活用が望まれるところである。

【海外贈賄に関する内部監査のポイント】

①　海外贈賄に関する内部統制状況の確認

□　経産省指針をふまえた防止体制の確認

• 防止体制の構築および運用にあたっての視点

　①経営トップの姿勢・メッセージの重要性，②リスクベース・アプローチ，および③贈賄リスクをふまえた子会社における対応の必要性

• 防止体制の基本的内容

　①基本方針の策定・公表，②社内規程の策定（社交行為や代理店の起用など高リスク行為に関する承認ルールや，懲戒・問責処分に関するルール等），③組織体制の整備，④社内における教育活動の実施，⑤監査等，⑥経営者等による見直し

②　海外贈賄の事実の発生の有無の確認

□　海外贈賄が発生していないか

→• 腐敗リスクの大きい新興国で業務について，経理部門における「不明瞭な」支出がなされていないかについてチェック

• 実際に現地事務所に赴き，業務の状況をヒアリング

※理由が合理的であると納得できるまで確認を継続

□　海外贈賄の事実が発見された場合など

→規制当局との連携，および「不正腐敗情報受付窓口」を利用し，相手国政府に対して適切な対応を求めてもらう。

★　海外贈賄に関する内部監査については，特に，ODA も絡む海外事業のような大型のプロジェクトを行う場合，たとえ未上場であっても，内部監査の専門部門の設置が望ましい。

〔著者紹介〕

樋口　達（ひぐち　わたる）
東京大学経済学部経済学科卒業，弁護士，公認会計士，公認不正検査士
大手門法律会計事務所代表パートナー（https://www.ootemon-law-ac.com/）
丸紅建材リース株式会社社外取締役（監査等委員），オルガノ株式会社社外監査役
アドバンス・レジデンス投資法人執行役員

〔主な著書・論文（単著・共著）〕

- 「改訂版CGコード等の実務対応はこうする 内部監査編」旬刊経理情報2021年8月10日号
- 『会計不正のリスク管理実務マニュアル』（民事法研究会，2021）
- 「【連載】法務部に伝えたい"実効的"内部監査のコツ」月刊ビジネス法務2019年5月号～11月号）
- 『実例に学ぶ　企業の実情を踏まえたガバナンスの開示』（商事法務，2018）
- 「子会社の非常勤監査役の心構えと対応ポイント」旬刊経理情報2017年11月20日号
- 『株主還元の実態調査』（別冊商事法務 No. 410）
- 「議論活性化のための資料・情報提供と取締役会評価」Business Law Journal 2016年6月号
- 『会計不正が株主総会に与える影響の事例分析』（別冊商事法務 No. 390）
- 「会計不正の調査委員会に経理部はどう対応するか」旬刊経理情報2014年8月1日号
- 『法務Q＆A　会計不正　対応と予防のポイント』（中央経済社，2014）　　など

山内　宏光（やまうち　ひろみつ）
中央大学法学部法律学科卒業，中央大学大学院法学研究課刑事法専攻博士前期課程修了，弁護士
奥・片山・佐藤法律事務所パートナー（https://okslaw.jp）

〔主な著書・論文（単著・共著）〕

- 「改訂版CGコード等の実務対応はこうする 内部監査編」旬刊経理情報2021年8月10日号
- 『会計不正のリスク管理実務マニュアル』（民事法研究会，2021）
- 「財務事項を中心とした本年株主総会の想定問答」旬刊経理情報2019年4月10日号，2021年3月1日号
- 『会社役員のリスク管理実務マニュアル―平時・危急時の対応策と関連書式』（民事法研究会，2018）
- 『会社法実務大系』（民事法研究会，2017）
- 「会計不正が株主総会に与える影響の事例分析」（別冊商事法務 No. 390）
- 「会計不正の調査委員会に経理部はどう対応するか」旬刊経理情報2014年8月1日号
- 『100分でわかる企業法務』（角川書店，2014）　　など

事例でわかる　コンプライアンス違反対応の内部監査

2022年5月25日　第1版第1刷発行

著　者　樋　口　達
　　　　山　内　宏　光
発行者　山　本　継
発行所　㈱中央経済社
発売元　㈱中央経済グループパブリッシング
〒101-0051　東京都千代田区神田神保町1-31-2
電話　03（3293）3371（編集代表）
　　　03（3293）3381（営業代表）
https://www.chuokeizai.co.jp
印刷／昭和情報プロセス㈱
製本／㈲井上製本所

ISBN978-4-502-43131-9　C3032